SONJA ULLRICH

Ruhrgebiet

W0286127

66 LIEBLINGSPLÄTZE
und 11 Seen

SONJA ULLRICH

Ruhrgebiet

FÜR ZECHENKINDER UND BADENIXEN

GMEINER

Autor und Verlag haben alle Informationen geprüft. Gleichwohl wissen wir, dass sich Gegebenheiten im Verlauf der Zeit ändern, daher erfolgen alle Angaben ohne Gewähr. Sollten Sie Feedback haben, bitte schreiben Sie uns! Über Ihre Rückmeldung zum Buch freuen sich Autor und Verlag:
lieblingsplaetze@gmeiner-verlag.de

Besuchen Sie uns im Internet:
www.gmeiner-verlag.de

© 2011 – Gmeiner-Verlag GmbH
Im Ehnried 5, 88605 Meßkirch
Telefon 07575/2095-0
info@gmeiner-verlag.de
Alle Rechte vorbehalten
2., überarbeitete Auflage 2013

Lektorat / Redaktion: Claudia Reinert
Satz: Julia Franze
Umschlaggestaltung: U.O.R.G., Lutz Eberle, Stuttgart unter Verwendung des Fotos ›Schachtzeichen mit Förderturm‹ von Jan-Dirk / fotolia.com
Kartendesign: Matthias Schatz
Druck: AZ Druck und Datentechnik GmbH, Kempten
Printed in Germany
ISBN 978-3-8392-1164-9

ENTLANG DER EMSCHER

ENTLANG DER RUHR

DAS RUHRGEBIET

Vorwort

Was ist es uns doch auf die Nerven gegangen: Das Ruhrgebiet, Heimat der Hochöfen, Kohleflöze und Eisenhütten, wurde urplötzlich zur ›Metropole Ruhr‹, ihre Einwohner zu ›Ruhris‹ sowie sämtliche Industrieruinen zu Kulturdenkmälern erklärt. Plötzlich war aber auch alles schön. Selbst den funktionalen, zwei Mal zwei Mal Meter großen und zumeist nach Bier müffelnden Trinkhallen wurden Bildbände gewidmet. Und Kindern war es ab sofort untersagt, in den Fußgängerzonen nach dem gurrenden Geflügel, dem ›Rennpferd des kleinen Mannes‹, zu treten. Schuld an alledem war das Kulturhauptstadtjahr 2010, für welches die Stadt Essen federführend die RUHR.2010-Flagge hisste – und verdammt viel Geld in die kulturelle Entwicklung der Region pumpte.

Das Ruhrgebiet – das sind 53 Städte, drei Nebenflüsse des Rheins sowie mehr als fünf Millionen Einwohner. Nach außen hin gilt es als das drittgrößte Ballungsgebiet Europas. Von innen gesehen sieht es mit der geballten Kraft jedoch ganz anders aus: Hier gibt es keine ›Ruhris‹, sondern Dortmunder, Essener, Duisburger und so weiter (besonders auf den Fußballtribünen). Nördlich der Lippe will man sogar lieber Münsterländer sein. Ähnlich sieht es im niederrheinischen Kreis Wesel und in Hagen aus; dort wussten Vereinzelte bis vor 2010 gar nicht, dass sie zum Regionalverband Ruhr gehören.

Das Projekt RUHR.2010 jedoch hat mit so einigen Gerüchten und Halbwahrheiten aufgeräumt und klargestellt: Zum Ruhrgebiet gehören die kreisfreien Städte Bochum, Bottrop, Dortmund, Duisburg, Essen, Gelsenkirchen, Hagen, Hamm, Herne, Mülheim, Oberhausen sowie die Kreise Recklinghausen, Unna, Wesel und Ennepe-Ruhr. Und deren individuelle Schönheit liegt ganz im Auge des Betrachters. Letzten Endes kommt es aber eher darauf an, von welcher Seite man ins Ruhrgebiet einfährt.

An der Westspitze entlang des Niederrheins erstreckt sich der Kreis Wesel, ein teilweise ländliches Areal mit fast niederländischem Flair, welches sich umso bemerkbarer macht, je weiter man sich von den östlich angrenzenden Industriehochburgen Duisburg (Seite 115) und Oberhausen entfernt. Hier führt übrigens kein Weg an Xanten

(Seite 21) vorbei, der uralten Nibelungenstadt, in welche nicht nur ›Ruhris‹ einkehren, um zur Ruhe zu kommen. Gleiches gilt für die Xantener Nord- und Südsee (Seite 27). Nicht grundlos campieren die Wohnwägen hier über Jahre hinweg an gleicher Stelle.

Am Nordzipfel des Reviers, östlich von Wuppertal, lockt der Ennepe-Ruhr-Kreis (Seite 171) mit einer ähnlichen, eher ländlichen Betriebsamkeit den Wander-, Kanu- und Radfahrtourismus in die Gegend. Die kreisangehörigen Städte haben fast Dorfcharakter, nirgendwo sonst im Pott kann man so viele mittelalterliche Fachwerkhäuser, Hügel und Bäume bestaunen. Als Vorzeigestadt sei hier unbedingt Hattingen (Seite 165) erwähnt, die Perle der Fachwerkkunst im Kreisgebiet.

Zwischen Ruhr und Emscher, sozusagen im ›mittleren Westen‹, befindet sich das schwerindustrielle Zentrum der Region. Dessen Geschichte ist eine häufig gespielte Schallplatte im Revier: Alles begann mit den Eisenhütten in Oberhausen. Dann revolutionierte die Dampfmaschine den Bergbau (wohlgemerkt in Bochum auf Zeche Vollmond im Jahre 1799) – und die Produktion kam richtig in Fahrt. Um die 170 Zechen förderten parallel Millionen Tonnen von Kohle pro Jahr. Zunächst im Süden, entlang der Ruhr. Dann folgte der Bergbau dem Flöz nordwärts in die Tiefe, hoch zur Emscher bis hin zur Lippe. Die Einwohnerzahlen der Industriestädte explodierten und selbst heute, 60 Jahre nach der Kohlenkrise, pulsiert im industriellen Speckgürtel kaum eine Stadt mehr unter einem sechsstelligen Bereich. Das Landschaftsbild ist hier äußerst markant: Halden mit Kunstinstallationen wie bei Prosper Haniel (Seite 77) bilden ein künstliches Mittelgebirge, Fördertürme ragen zwischen Konzernbauten und Wohngebieten alle paar Kilometer aus dem Boden. Ihre angerosteten Räder drehen sich schon lange nicht mehr. Und trotzdem will man sie nicht niederreißen. Vielleicht wartet man auf bessere Zeiten. Wahrscheinlicher ist, dass da einfach zu viel Herzblut dranhängt.

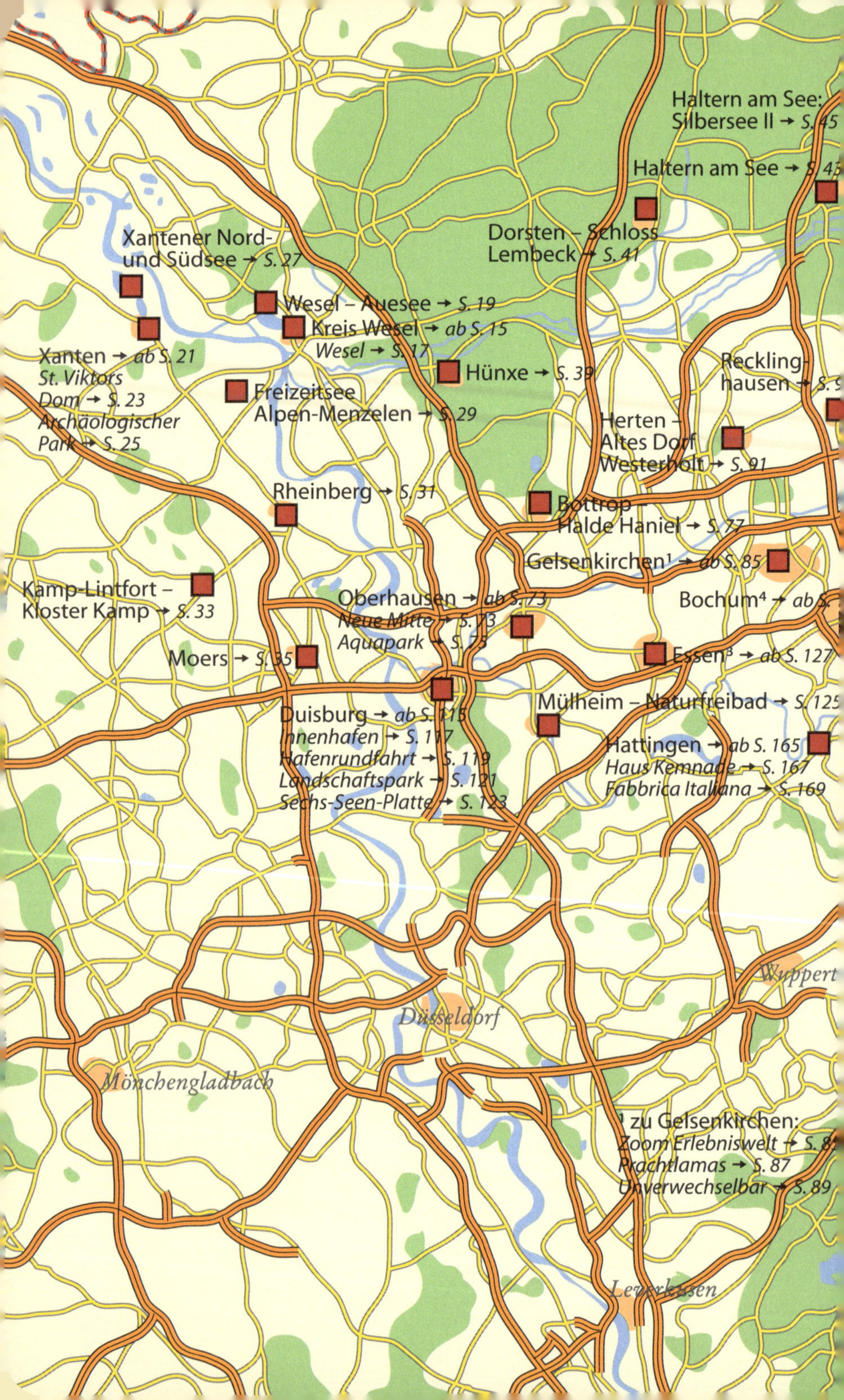

Haltern am See:
Silbersee II → S. 45
Haltern am See → S. 43
Dorsten – Schloss
Lembeck → S. 41
Xantener Nord-
und Südsee → S. 27
Wesel – Auesee → S. 19
Kreis Wesel → ab S. 15
Wesel → S. 17
Xanten → ab S. 21
St. Viktors
Dom → S. 23
Archäologischer
Park → S. 25
Hünxe → S. 39
Freizeitsee
Alpen-Menzelen → S. 29
Reckling-
hausen
Herten –
Altes Dorf
Westerholt → S. 91
Rheinberg → S. 31
Bottrop –
Halde Haniel → S. 77
Gelsenkirchen¹ → ab S. 85
Kamp-Lintfort –
Kloster Kamp → S. 33
Oberhausen → ab S. 73
Neue Mitte → S. 73
Aquapark → S. 75
Bochum⁴ → ab
Moers → S. 35
Essen³ → ab S. 127
Duisburg → ab S. 115
Innenhafen → S. 117
Hafenrundfahrt → S. 119
Landschaftspark → S. 121
Sechs-Seen-Platte → S. 123
Mülheim – Naturfreibad → S. 125
Hattingen → ab S. 165
Haus Kemnade → S. 167
Fabbrica Italiana → S. 169
Düsseldorf
Mönchengladbach
¹ zu Gelsenkirchen:
Zoom Erlebniswelt → S. 8
Prachtlamas → S. 87
Unverwechselbar → S. 89
Leverkusen

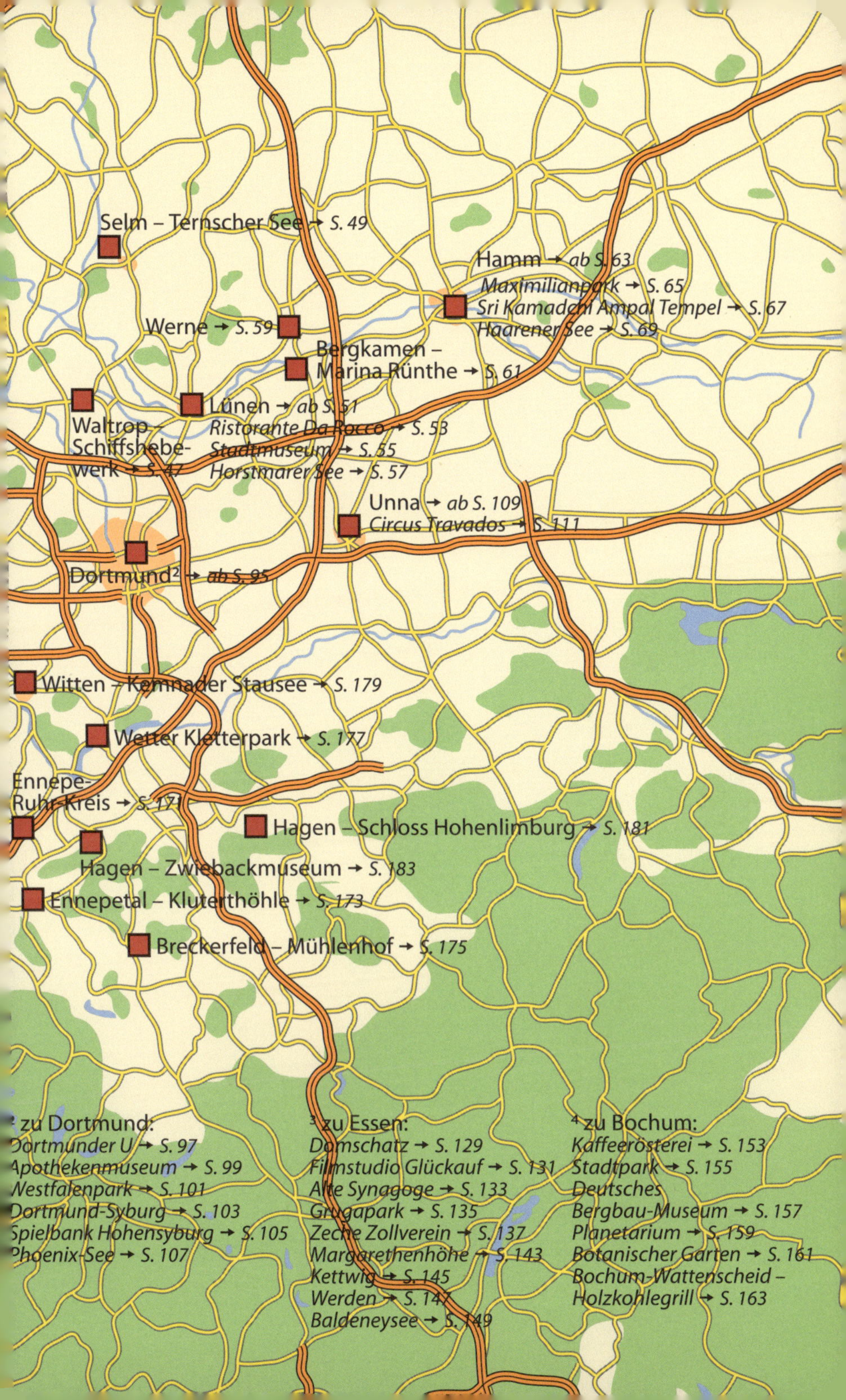
Selm – Ternscher See → S. 49
Hamm → ab S. 63
Maximilianpark → S. 65
Sri Kamadchi Ampal Tempel → S. 67
Haarener See → S. 69
Werne → S. 59
Bergkamen –
Marina Rünthe → S. 61
Lünen → ab S. 51
Ristorante Da Rocco → S. 53
Stadtmuseum → S. 55
Horstmarer See → S. 57
Waltrop –
Schiffshebe-
werk → S. 47
Unna → ab S. 109
Circus Travados → S. 111
Dortmund² → ab S. 95
Witten – Kemnader Stausee → S. 179
Wetter Kletterpark → S. 177
Ennepe-
Ruhr-Kreis → S. 171
Hagen – Schloss Hohenlimburg → S. 181
Hagen – Zwiebackmuseum → S. 183
Ennepetal – Kluterthöhle → S. 173
Breckerfeld – Mühlenhof → S. 175
² zu Dortmund:
Dortmunder U → S. 97
Apothekenmuseum → S. 99
Westfalenpark → S. 101
Dortmund-Syburg → S. 103
Spielbank Hohensyburg → S. 105
Phoenix-See → S. 107
³ zu Essen:
Domschatz → S. 129
Filmstudio Glückauf → S. 131
Alte Synagoge → S. 133
Grugapark → S. 135
Zeche Zollverein → S. 137
Margarethenhöhe → S. 143
Kettwig → S. 145
Werden → S. 147
Baldeneysee → S. 149
⁴ zu Bochum:
Kaffeerösterei → S. 153
Stadtpark → S. 155
Deutsches
Bergbau-Museum → S. 157
Planetarium → S. 159
Botanischer Garten → S. 161
Bochum-Wattenscheid –
Holzkohlegrill → S. 163

ENTLANG DES NIEDERRHEINS

ENTWICKUNGSAGENTUR WIRTSCHAFT (EAW) ///
REESER LANDSTRASSE 41 ///
46483 Wesel ///

DER 100-STUNDENKILOMETER-DISTRIKT

Kreis Wesel

1

Jenseits von Moers, westlich des Niederrheins, betreten Zechentouristen, Kohleflözfotografen und Freunde der Eisenhüttengaudis den überdimensionalen Landstraßendistrikt: Kreis Wesel. Ein hartes Brot für ebensolche, die bislang Fördertürme, Hochhausreihen und Zehn-Minuten-Takt-Züge gewöhnt waren. Dass dabei der Blick mehr als öfter auf der Landkarte landet, ist also ein bekanntes Symptom. Ein streikendes Navi übrigens auch. Seit Verlegung der B 57 durch Xanten sind ältere Karten und Stadtpläne, auf denen Navigationsgeräte basieren, nämlich unbrauchbar geworden.

Der Kreis Wesel – das sind 470.000 Einwohner auf einer Fläche von 1.042 Quadratkilometer. Nur, um sich die Zahlen auf der Zunge zergehen zu lassen: Die Fläche der Stadt Essen entspricht einem Fünftel des Landkreises, hat aber gut 100.000 mehr Einwohner zu verzeichnen. Wie sich diese Statistik auf die Stadtentwicklung niederschlägt, sieht man, wenn man den Weg aus dem Osten durch Hünxe querfeldein bis nach Xanten einschlägt. Auf dieser Strecke verfehlt man weder den breiten von Deichen und Auen umgebenen Rhein noch die Ausschilderungen zur Bislicher Insel in Wesel, einem Naturschutzgebiet, welches bei Beginn der Wintermonate als Herberge für rund 200.000 Wildgänse dient – jedes Jahr ein Naturschauspiel. Dazwischen bewegt man sich auf gut ausgebauten Landstraßen an Weiden, Wiesen, Wäldern und bestellten Feldern diverser Bauernhöfe vorbei. Fahrten von A wie Alpen nach X wie Xanten ziehen sich – doch zumindest verplempert man die Zeit hier nicht im Stau, wie zwischen den Kohlebrutkästen Essen oder Duisburg, sondern kann sich an den Anblicken bunter Kühe und Pferde entlang der Wege erfreuen.

Nichtsdestotrotz hat der Kreis auch eine gut gewachsene Städtestruktur vorzuweisen. Insbesondere Moers, Wesel und Dinslaken halten einige attraktive Shoppingmeilen in der Fußgängerzone parat. Vorwiegend aber kommen die Naturverbundenen inmitten der ›grünen Lunge‹ des Ruhrgebiets zu Wasser, zu Lande und auch in der Luft voll auf ihre Kosten – wie bei einer Ballonfahrt zum Beispiel.

Das Radfahren macht im Kreis Wesel ganz besonders viel Spaß, insbesondere entlang des Rheins. Hier können fast tausend Kilometer lange, ausgeschilderte Radrouten befahren werden.

WESELMARKETING GMBH /// GROSSER MARKT 9 /// 46483 WESEL ///
02 81 / 1 63 69 91 /// WWW.WESELMARKETING.DE ///

»WIE HEISST DER BÜRGERMEISTER VON WESEL?«

Wesel

2

Der Beitrag über Wesel hätte genauso gut in die Reihe ›Entlang der Lippe‹ gepasst. Immerhin mündet die Lippe bei Wesel in den Rhein. Doch da sich das Ruhrgebiet weniger mit dem Rhein als mit seinen drei Nebenflüssen identifiziert (was übrigens auf Gegenseitigkeit beruht), soll an dieser Stelle die Werbetrommel mehr für den Niederrhein gerührt werden – sowie für jene Stadt, die den größten Flussanteil im Kreis besitzt. Bliebe da nur eine Frage offen: »Wie heißt der Bürgermeister von Wesel?«

Esel! Einen Herr oder Frau Esel als Bürgermeister hat es allerdings dort nie gegeben. Und wenn doch, dann definitiv vor 1269. Doch Wesels Bürgermeister müssen sich hinter keinem Echo-Gedicht verstecken. Denn die Stadt ist alles andere als arm an Bürgermeisterpersönlichkeiten. So befanden sich unter ihnen Adelsgeschlechter wie ein werter Herr von Cotzhausen, aber auch der Großvater von Konrad Duden, dem Erfinder des orthografischen Wörterbuchs – die Familie Duden gehörte zu den Weseler Alteingesessenen. Enkelsohn Konrad verließ nach dem Abitur 1846 allerdings die Stadt und reiste mitunter nach Italien. Sein berühmtes Wörterbuch erschien 1880 in Bad Hersfeld, sein Grab befindet sich ebenda.

Wesel ist eine Stadt voller geschichtsträchtiger Facetten. Ein markantes Ziel im Zentrum ist das von Kurfürst Friedrich Wilhelm I. initiierte Berliner Tor, welches 1722 eingeweiht, 1892 aber weitestgehend wieder abgebrochen wurde. Heute ist es ein beliebter Treffpunkt, unter seinem Schatten finden Märkte und ähnliche Veranstaltungen statt. Gleichermaßen eindrucksvoll erschließt sich die Zitadelle aus dem 19. Jahrhundert, welche heute als Museum dient. Der nach einem Friesenmissionar benannte Willibrordi-Dom ist besonders abends, bei indirekter Beleuchtung, einen Besuch wert. Die Gebäude bilden einen markanten Kontrast zur topmodernen Niederrheinbrücke, die 2009 eingeweiht wurde, sowie die hin und wieder auftauchenden, bunten Eselsfiguren. Denn selbstverständlich ist der Tierparaden-Boom an der Keimzelle des Esel-Echo-Gedichtes nicht so einfach vorbeigegangen.

☞ Naturbegeisterte kommen im Diersfordter Wald voll auf ihre Kosten. Per Rad stoßen Sie dort auf Dammwild, Mufflons und zahlreiche Vogelarten. Die dortigen ›schwarzen Wasser‹ sind ein besonderes Naturschauspiel.

STADT WESEL /// HERZOGENRING 34 /// 46483 WESEL ///
02 81 / 2 03 23 20 /// WWW.WESEL.DE ///

OUTDOOR-ROMANTIK BEI MUSIK UND WEIN

Wesel – Auesee

1/11

Anlässlich des 25-jährigen Jubiläums der Tauchergemeinschaft Wesel versenkten die Vereinsmitglieder nach einjähriger Vorbereitungsphase das kleine Schiffswrack Poseidon direkt vor ihrer Haustür im Auesee. Ein halbes Jahr später musste Ferdinand dran glauben, ein Skelett. An einem Baum geknotet schaut er in Richtung Norden zur Poseidon. Seine Position: Von der Slipanlage links fünf Minuten, dann null Grad bis auf sieben Meter Tiefe.

Nicht nur bei Tauchern ist der Auesee ein heiß begehrtes Ziel. In den Sommermonaten herrscht trotz augenscheinlich ausreichender Fläche Parkplatznot und auch entlang der 60.000 Quadratmeter großen Liegewiese mit schmalerem Sandstrand kann von idyllischer Ruhe kaum die Rede sein. Bei Hitze steppt am Auesee förmlich der Bär. An den Uferböschungen im Flachwasser planschen die Kleineren und Nichtschwimmer, die Surfabteilung kehrt am Nordstrand ein, die Tauchgemeinschaft hat ebenfalls einen abgesteckten Bereich. Keine Frage, dass die dortige DLRG auf alles und jeden aufpassen muss. Mit Ausnahme der Beachvolleyballer, Frisbee-Werfer und Minigolfer vielleicht.

Hier erfreut man sich an einer vielfältigen Population: Fische, Krebse und Muscheln unter sowie Vögel über Wasser, die auf ihrer eigenen Insel brüten. Im westlichen Bereich erstreckt sich außerdem ein strenges Naturschutzgebiet – hier gilt: Betreten verboten. Dabei schließt sich mit dem Auesee, der durch Auskiesung der Rheinwiesen in den 80ern entstanden ist, der Renaturierungskreislauf. Der Sand- und Kiesabbau hat am Niederrhein eine gut hundertjährige Tradition. Und die Nachfrage bleibt konstant, was vor allem der Bauindustrie geschuldet ist – Beton besteht zu großen Teilen aus Kies und Sand. Doch die Nassgrabungen, die den Ruhrgebietlern Wasserlandschaften wie die Sechs-Seen-Platte in Duisburg, die Xantener Seen und auch den Auesee in Wesel beschert haben, müssen langsam dem trockenen, lärmenden Lkw-Transport weichen. Naturschützer und Industrielle prallen deswegen seit Jahren aneinander.

Behalten Sie die Veranstaltungstermine auf der Website der Stadt Wesel im Auge, denn während einer Regatta ist der See für Gäste komplett gesperrt.

TOURIST INFORMATION XANTEN GMBH ///
KURFÜRSTENSTRASSE 9 /// 46509 XANTEN /// 0 28 01 / 9 83 00 ///
WWW.XANTEN.DE ///

ERHOLUNG STAATLICH ANERKANNT

Xanten

3

Spätestens seit RUHR.2010 identifiziert sich die Römerstadt Xanten, die neben zwölf weiteren Städten um den Titel der ältesten Stadt Deutschlands buhlt, auch als Stadt des Ruhrgebiets. Tatsächlich hat es hier keine Zeche gegeben – ihr Anschluss an den Pott ist nur ihrer Angehörigkeit an den Kreis Wesel geschuldet, zu dessen Gebiet die Kohlenpottstädte Moers und Dinslaken gehören. Man kennt ihn aber auch als ›Grüne Lunge des Ruhrgebiets‹.

Die meisten Touristen zieht es nach Xanten, einfach weil die Stadt verdammt alt ist. Immerhin blickt sie auf eine mehr als 2.000-jährige Geschichte zurück, die ihren nachweislichen Anfang mit der Errichtung der römischen Legionslager nahm. Nicht ohne angemessenen Stolz tituliert sich Xanten daher auch als Römer- und Domstadt sowie ›Geburtsort‹ des sagenhaften Siegfried, seines Zeichens Held und Drachentöter aus der Nibelungensage. Ihm zu Ehren hat die Stadt das SiegfriedMuseum errichtet, welches an sämtlichen Werk- und Feiertagen seine Pforten öffnet und eine anschauliche Ausstellung über das Nibelungenlied präsentiert. Unterdessen schmückt sich eine Turmwindmühle fernab der Stadtmauern mit seinem Namen. Sie bildet damit das Gegenstück zur Kriemhildmühle, einer auf einem Festungsturm errichteten Getreidemühle, die auch heute noch von einem Müller und Vollwertbäcker betrieben wird und besichtigt werden kann. Bei gutem Wind und trockenem Wetter lädt im Rücken der Mühle eine satte Wiese zu einem Picknick ein, die schlagenden Segel als eindrucksvolle Kulisse dienend.

Doch man muss kein Kenner der historischen Mythen sein, um sich von dem Charme der Stadt einfangen zu lassen. In jedem Winkel besticht die Stadt am Niederrhein mit ihrem nostalgischen Charme. Der Stadtkern, in liebevoller Kleinarbeit restauriert, haucht den Besuchern gleichermaßen Behagen und Ehrfurcht ein, wenn man unter den Schatten des Gotischen Hauses, dem Klever Tor oder dem St.-Viktor-Dom spaziert, dem wohl größten Dom zwischen Köln und dem Meer.

Der Jüdische Friedhof Am Heesberg besticht durch eine alte Bestattungskultur in drei konzentrischen Kreisen. Das älteste Grab stammt von 1767.

TOURIST INFORMATION XANTEN GMBH ///
KURFÜRSTENSTRASSE 9 /// 46509 XANTEN ///
0 28 01 / 9 83 00 /// WWW.STVIKTOR-XANTEN.DE ///

EINE KRYPTA FÜR NEUZEITLICHE MÄRTYRER

Xanten – St. Viktors Dom

4

Heinz Bello war kein Kind Xantens. Geboren in Breslau, wuchs er im Weseler Schillviertel auf. Im Alter von nur 24 Jahren starb er während des NS-Regimes, welchem er sich nicht beugen wollte. Seine sterblichen Überreste wurden von Berlin über Wesel bis nach Xanten in die neue Krypta des Doms St. Viktor gebracht, welche im Jahr 1966 für NS-Märtyrer erweitert und hergerichtet wurde. Anders als Bello hat dieser den Weltkrieg überstanden – wenn auch mit Schäden.

Das Märtyrerdenkmal hat im Dom St. Viktor eine lange Tradition: Im 4. Jahrhundert sollen Viktor von Xanten und seine Kohorte den Märtyrertod gestorben sein, weil sie sich weigerten, den römischen Göttern zu opfern. Für, aber nicht wegen St. Viktor, soll Kaiserin Helena von Konstantinopel dann eine Märtyrerkapelle errichtet haben. Die Kapelle soll es nach archäologischen Befunden tatsächlich gegeben haben. Die Suche nach dem heiligen Viktor erweist sich allerdings als schwierig. So schwierig, dass man sich auf den Passus geeinigt hat, der Begriff ›Victor‹ sei mehr als Ehrentitel (Sieger Christi) zu verstehen denn als Name oder Person.

Dass der Dom selbst von einigen märtyrerähnlichen Toden bedroht wurde, ist historisch belegt: Vollendet im Jahre 1544, 281 Jahre nach Grundsteinlegung, wurde er 1802 von Napoleon säkularisiert, schließlich ein halbes Jahrhundert der Verwahrlosung überlassen sowie 1945 von Fliegerbomben massiv beschädigt. Walter Bader sei Dank wurde der Dom nach Kriegsende restauriert. Die 1936 geweihte Krypta erhielt mehr Raum für eine Gedenkstätte neuzeitlicher Märtyrer unter dem NS-Regime. Dieses Grabgewölbe ist kühl, die Beleuchtung punktiert die weißen Gedenktafeln entlang der Mauern. Das andächtige Schweigen ist hier ohrenbetäubend, während es die Touristen oben im Langhaus eher wagen, im Flüsterton zu kommunizieren. Aus Tradition. Oder aus Sorge, dass die leidvoll blickenden Schnitzfiguren an den 24 Altären aufgeweckt werden.

Betrachten Sie auch den aufwändig gepflegten Innenhof sowie den Obelisk auf dem Domplatz.

LVR-ARCHÄOLOGISCHER PARK XANTEN /// TRAJANSTRASSE 4 ///
46509 XANTEN /// 0 28 01 / 7 12 – 0 /// WWW.APX.LVR.DE ///

DAS ALTE ROM ZUM GREIFEN NAH

Xanten – Archäologischer Park

5

Die Stadt Colonia Ulpia Traiana existiert heute nicht mehr. Zumindest nicht auf map24.de oder im Telefonbuch. Tatsächlich wurde sie um 275 von den einfallenden Franken zerstört. Nichtsdestotrotz herrscht ein reges Treiben an jener Stelle, an welcher einst der römische Kaiser Trajan die germanische Kolonie errichtete: Die Arena ist bis auf den letzten Platz ausgebucht, der Museumsführer zündet für Führungen bereits die antike Funzel an.

Die Nachbildung der Überreste des 27 Meter hohen Hafentempels ist das Wirkungsträchtigste, was man bereits aus der Entfernung sieht. Und es ist schwer, an diesem einfach nur vorbeizufahren. Stattdessen dreht man den Kopf ein wenig weiter, um Blicke von den Wehrtürmen und den Dächern der hinter den Hecken liegenden Herberge zu erhaschen. Währenddessen setzt sich der Blinker zum Parkplatz beinahe wie von selbst. Man möchte einfach noch mehr sehen.

Auf dem Grundriss der ehemaligen Colonia Ulpia Traiana wurde 1975 begonnen, den archäologischen Park entsprechend wissenschaftlicher Erkenntnisse herzurichten. Ziel war dabei nicht nur, die antike Architektur unter Zuhilfenahme von moderner Bausubstanz zu spiegeln, sondern auch das damalige Leben bildhafter in die Gegenwart zu holen. Das schafft das Museum mit Einrichtungsgegenständen und Innenraumgestaltung wie beispielsweise kostbaren Malereien, die in den besseren Unterkünften gang und gäbe waren. Sehr anschaulich, wenn auch nicht mit echten Exponaten in Verona oder Rom vergleichbar, ist die Arena in der Nähe der Herbergen, in der auch gerne Konzerte und andere Veranstaltungen abgehalten werden. Das Römermuseum wiederum ist ein jüngeres Projekt des Landschaftsverbandes Rheinland, das sich vor allem aufgrund der hochmodernen Glasfensterarchitektur des Hauses zeigt. Damit soll allerdings nicht Schluss sein. Erst kürzlich hat das Museum weitere, von der antiken Stadt übrige Flächen für sich beanspruchen können. Bebaut werden sollen sie noch, was auch sein muss. Ein Großteil der Museumsfläche besteht nämlich aus Alleen und Grünflächen.

Die Nachtwanderungen durch das Museum finden in den kühleren Monaten nach Sonnenuntergang statt und sind sehr begehrt.

FREIZEITZENTRUM XANTEN /// INFO-CENTER /// STROHWEG 2 /// 0 28 01 / 71 56 56 ///

WO MAN KAFFEE UND KUCHEN AUF FLÖSSEN VERSPEIST

Xantener Nord- und Südsee

2/11

Für Unbescholtene, die im Xantener Zentrum aufkreuzen, ist nicht so ohne weiteres erkennbar, wo sich die Xantener Süd- von der Nordsee trennt. Tatsächlich befindet man sich im Dunstkreis des Archäologischen Museums erst am Südzipfel der Xantener Südsee – das nördliche Ende der insgesamt 250 Hektar großen Wasserfläche ist hier nicht in Sicht. Von der Südspitze aus hat man bereits einen guten Blick auf das Strandbad mit seinen strohhutartigen, akribisch abgesteckten Sonnenschirmen sowie auf die schwimmende Rutsche, eine der kleineren Attraktionen am See.

Das Freizeitzentrum Xanten, kurz FZX, ist ein sich seit 1979 in ständiger Weiterentwicklung befindliches kleines Urlaubsparadies in unmittelbarer Stadtnähe. Besondere Anlaufpunkte sind der Hafen Xanten mit einer Marina und einem Abenteuergolfplatz, dem Hafen Wardt, dem Hafen für bunte Eventprogramme, sowie der Hafen Vynen, der mit einem jungen Spielplatz sowie einem Fischmarkt im Frühjahr aufwartet. Dies sind allerdings nur einige Blickpunkte.

Das restliche Angebot kann entweder auf der FZX-Website gelesen, besser aber noch in Kleinarbeit erforscht werden. Dafür bietet sich eine Fahrt auf dem Fahrgastschiffchen Seestern an, der sämtliche drei Häfen der Seeanlage anfährt. So lernt man zumindest flüchtig die Wasserski-Seilbahn, den Bootsverleih, die Segelschule und die jeweiligen Gastronomiebetriebe kennen, die sich vorwiegend entlang der Häfen angesiedelt haben. Alles andere könnte im Wust der Attraktionen schnell untergehen: So ist das Tauchen ganzjährig erlaubt. Um das Erlebnis attraktiver zu machen, wurde sogar ein kleines Wrack versenkt und ein Unterwasser-Skulpturenpark hergerichtet. Anfänger sollten beim Hafen Vynen vorstellig werden.

Am Strandbad wiederum gibt es Flächen für Beachvolleyball und Beach-Soccer. Selbst FKK-Freunde kommen in einem abgetrennten Bereich auf ihre Kosten. Kein Wunder also, dass sich auf dem angrenzenden Waldcampingplatz vorwiegend Dauercamper eingenistet haben. Hier will man einfach immer wieder hin.

Auf dem und um den See finden Drachenbootregatten, Beachparties, Konzerte und viele weitere Veranstaltungen statt. Sichten Sie einfach den Kalender auf www.f-z-x.de.

FREIZEITSEE MENZELEN /// STRANDBAD /// GESTER STRASSE ///
46519 ALPEN /// 0 28 02 / 91 22 45 ///

STROHSCHIRME NUR FÜR DIE FRÜHEN VÖGEL

Freizeitsee Alpen-Menzelen

3/11

»Wir haben genug Baggerseen. Es reicht«, sagte BUND-Landeschef Paul Kröfges im Clinch mit dem Verband der Baustoffindustrie, der sich bemühte, etwas mehr Sympathien für die Kiesaushebungen am Niederrhein herauszuschlagen. Tatsächlich sind die meisten nassen Naherholungsgebiete im Kreis Wesel dem Hunger nach Kies und Sand geschuldet. Zwar rattert die Touristenmaschinerie in Xanten und Wesel. Aber es gibt auch Seen wie in Alpen-Menzelen.

Direkt gegenüber ragt das Förderband des Schwimmbaggers flach und tief in die Wasserlache; zäher, feuchter Sand türmt sich entlang der Ufer. Ein gelber Anker ragt aus dem Boden, eine Boje liegt müde daneben. Der Bauzaun umsäumt eher behelfsweise das Gebiet: ›Betreten verboten‹. Es herrscht eine Totenstille – die Anlage fördert offenbar nicht an Wochenenden. Oder sie ist bis auf Weiteres stillgelegt. Nebenan zumindest hat sie ihren Dienst erledigt und alles, was zu holen war, abgetragen. Der dortige Zaun sieht wesentlich professioneller aus. Zusammen mit einem dichten Wald- und Buschbestand lässt er aber nur spärliche Blicke zu. Für Touristen gibt es lediglich einen Eingang, am Biergarten vorbei, in der Nähe der Strohschirme. Auf einem riesigen Schild, das eher an die ›Wir bauen für Sie‹-Ankündigungen erinnert, werden die Gebote hinuntergerasselt. Davor und daneben befindet sich die wehende, leise Weite der Bauernschaften von Alpen-Menzelen. Keine Autobahn, keine Seitenstreifen. Nur eine Landstraße, auf welcher man sich bei 100 Stundenkilometern besser äußerst rechts halten sollte. Der Eindruck täuscht.

Der Freizeitsee ist ein kleines, versteckt gelegenes Rekultivierungsprojekt westlich des Niederrheins – und ein Geheimtipp. Am Rande einer dörflichen Idylle, umrandet von fast unberührter Natur, fällt die angrenzende Wasserlache mit seinen Schwimmbaggern gar nicht auf. Wer hierhin kommt, ist meist aus der Gegend. Doch auch Touristen strecken die Fühler aus: Am oberen Ufer haben sich ein paar Campingwagen niedergelassen.

☞ Alpen ist ein Städtchen voller historischer Architekturperlen. Hier befindet sich unter anderem die älteste evangelisch reformierte Pfarrkirche Deutschlands. Statten Sie dem Ort einen Besuch ab!

STADT RHEINBERG /// KIRCHPLATZ 10 /// 47495 RHEINBERG ///
0 28 43 / 17 10 /// WWW.RHEINBERG.DE ///

SHOPPEN MIT NIEDERFRÄNKISCHER MUNDART IM OHR

Rheinberg

6

Rheinberg ist alles Mögliche, nur keine Weltstadt. Der Bahnhof besitzt ein einziges Gleis, bekannte Mode- oder Kaufhausketten sind hier Fehlanzeige. Hin und wieder wird das Citypanorama von Bauzäunen oder abgebrochenen Fassaden und Türen durchschnitten und auch das Laufpublikum hält sich im Ort in Grenzen. Aber es muss nicht alles gigantisch, pompös oder am regionalen Lifestyle angebunden sein, um es zu mögen.

Ganz sicher ist man in einer Stunde mit der Shoppingtour fertig – es sei denn, man möchte sich durch die angesiedelten Restaurants, Gaststätten und Imbissstuben durchfuttern. Denn davon gibt es genügend.

Rheinberg ist eine ländlich geprägte Stadt am Niederrhein. Ihrem Bahnhof fehlt es an ähnlichem Service wie ihren Buslinien, deren Fuhrpark in größeren Städten schon längst ausrangiert worden wäre. Die Bepflasterung des Zentrums wirkt im direkten Vergleich geradezu neuzeitlich und verleiht der Stadt den letzten, bitter nötigen Schliff, um als besuchenswerte Ortschaft durchgehen zu können. Ihre Häuserreihen, zur Gründerzeit und im Jugendstil erbaut, sind teils weiß, teils pastellfarben renoviert. Ein markantes Landschaftsbild schafft die Kirche sowie das Underberg-Stammhaus am Kreuz zur gleichnamigen Straße. Tatsächlich wurde in Rheinberg ebensolches Unternehmen gegründet – wohlgemerkt am Hochzeitstag des Herrn Underberg I. – sowie der Magenbitter erschaffen. Ihre Gewürzmischung wird dort bis heute noch abgefüllt. Und ein Spaziergang durch die schattige, teils abgewrackte Underbergstraße lässt ebensolches hautnah erspüren: Denn hier duftet es nach Kräuterbitter. Die Hauptproduktion wurde inzwischen nach Berlin verlegt, Unternehmenssitz ist weiterhin das Stammhaus in Rheinberg. Die Unternehmensgruppe befindet sich nach wie vor in Familienhand; neben den drei Underberg-Sprösslingen wissen nur noch zwei katholische Priester um das Familiengeheimnis des populären Magenbitters.

Der britische Soldatenfriedhof Rheinberg War Cemetery strahlt eine majestätische Ruhe und Andacht aus, die man einmal erlebt haben sollte.

KLOSTER KAMP /// ABTEIPLATZ /// 47475 KAMP LINTFORT ///
WWW.KLOSTER-KAMP.DE ///

AN DER STRASSE DER GARTENKUNST FÜR RHEIN UND MAAS

Kamp Lintfort – Kloster Kamp

7

Um der Satzung des Zistersienserordens zu entsprechen, erwarb das 1123 gestiftete Kloster Kamp ein Weingut in Moselweiß in der Nähe von Koblenz. Mehr als 200 Jahre später wurde das Weingut wegen finanzieller Schwierigkeiten verkauft – ein Weingut musste schnell wieder her. Wohl mehr aus der Not heraus legten die Mönche schließlich einen Weinberg südlich der Abteikirche an. Die Reaktionen waren unterirdisch: ›Der Kamper Wein bereitet am Tisch nur Pein.‹

Den Namen Kamp-Lintfort gibt es in dieser Schreibweise schon seit mehr als 75 Jahren und war, anders als häufig vermutet, kein Ergebnis einer Gebietsreform. Tatsächlich war die Stadt zuvor als Gemeinden Camp, Hoerstgen und den sogenannten Vierquartieren (zu welchen unter anderem Lintfort gehörte) getrennte Wege gegangen. Dann erreichte der Bergbau die ländlichen Örtchen und eine Gemeindefusion war erforderlich. In den knapp 20 Jahren bis 1950 wuchs die Stadtbevölkerung um knapp 600 Prozent.

Während Lintfort hauptsächlich durch die Zechenkolonie des nach wie vor fördernden Steinkohlebergwerkes Friedrich Heinrich geprägt ist, hat der Stadtteil Kamp die 100-jährige bergbauliche Stadtentwicklung weitestgehend unbeschadet überstanden.

Auf dem Hügel der einstigen Sumpflandschaft wurde 1123 das erste Kloster der Zisterzienser auf deutschem Boden errichtet. Fußläufig erschließt sich die Schönheit des Komplexes erst auf den zweiten Blick: Vorneweg bilden die barocken Turmhauben hinter den Hecken den ersten Blickfang. Das Innenleben ist durch die eindrucksvolle Orgelbühne aus dem frühen 18. Jahrhundert sowie den schmuckvollen Rokoko-Saal geprägt. Auf der Rückseite des in Teilen erhaltenen Klostergebäudes erstreckt sich wiederum ein wunderschöner Terrassengarten, der erst 1990 nach aufwändiger Rekonstruktion wiedereröffnet wurde. Nicht nur die Akribie, mit welcher die Pflanzen gepflegt werden, ist sehenswert – der Garten scheint über musische Kräfte zu verfügen.

Das Kloster wurde 1802 säkularisiert. In der Abteikirche werden aber nach wie vor Gottesdienste abgehalten. Die Sonntagsvespern finden um 17 Uhr statt.

STADTINFORMATION MOERS /// HOMBERGER STRASSE 4 ///
47441 MOERS ///

DREHSCHEIBE AM NIEDERRHEIN

8

Moers

Mit deutlich über 100.000 Einwohnern ist Moers – als sowohl nicht kreisfreie wie keinen Kreis verwaltende Stadt – die größte in einen Landkreis eingemeindete Kuriosität in Deutschland. Ähnlich wie der ›neue‹ Bahnhof, der allerdings fraglos eine Katastrophe ist – da hilft auch das selbst gemalte ›Herzlich Willkommen‹-Schild nichts. Der mondäne, gepflegte Ex-Bahnhofsbau nebenan stammt aus der Gründerzeit. Seine weiße Fassade leuchtet in der Sonne. Heute beherbergt er eine Bäckerei mit Cafeteria.

Und die Frage, warum der Bahnhof kein Bahnhof mehr ist, sondern durch ein viergleisiges, 100 Meter langes, dunkles und müffelndes Tunnelgeschoss ersetzt wurde, treibt einen noch eine lange Zeit die endlos wirkende Einkaufsstraße hinunter. Urbane Geschäfte in Neubauten wechseln hier mit freien Technikläden und Imbissstuben ab, hin und wieder überrascht eine kleine architektonische Schönheit. Busse fahren die Straße entlang und man wird das Gefühl nicht los, das Beste von Moers bereits gesehen zu haben. Doch dann entpuppen sich das wahre Zentrum und die echte Schönheit der Stadt an der Mündung in die Augustastraße: Die sich hier ausrollende Fußgängerzone breitet sich großzügig aus, ihre Wege sind mit faustgroßen Quadern bepflastert und von Häuserreihen im Jugendstil gesäumt. Dort wie in den nicht weniger langen Gassen, die in ebenso hübschen Wegen enden, warten Einzelhändler mit individuellen Angeboten auf Feinschmecker und Freunde von Ausgefallenem. Aber auch Ketten und populäre Geschäfte haben hier ein Zuhause sowie deren Waren zahlreiche Abnehmer gefunden, obschon sich die Käufer beinahe beeilen müssen – denn lange Öffnungszeiten findet man hier kaum. Am Rande der Fußgängerzone streift der Schlosspark das Verwaltungsgebäude, eine von hin und wieder auftauchenden Bausünden. Ein Aushang erinnert an Zeiten, als Moers noch kreisfrei war. Der Waldbestand im Park ist alt, die tief ragenden Äste schlucken das Licht und fangen den Lärm des städtischen Treibens auf. Der See wirkt, als sei er seit Jahrhunderten unberührt. Dabei wurde gerade erst der Rasen gemäht.

Kehren Sie zum Essen ins Chili's in der wunderschönen Friedrichstraße ein. Ein paar Meter weiter wartet die Tabakstube mit einem großartigen Tabak- und Spirituosensortiment auf.

ENTLANG DER LIPPE

GEMEINDE HÜNXE /// DORSTENER STRASSE 24 /// 46569 HÜNXE ///
0 28 58 / 6 90 /// WWW.HUENXE.DE ///

DIE GOLDMEDAILLE FÜRS FISCHERDORF

Hünxe

9

Wer glaubt, das Ruhrgebiet bestünde nur aus Betonschachteln, erkalteten Hochöfen und stillgelegten Zechen, der sollte sich fernab dieses Vorurteils für einige Tage in einer Gemeinde des Kreises Wesel niederlassen. Hünxe wäre da ein heißer Tipp. Hier gibt es Gast- und Bauernhöfe, Naturschutzgebiete, Campingflächen und sogar einen Flugplatz – aber keinen Bahnhof. Zum Glück wurde eine direkte Schnellbus-Linie zum Weseler Bahnhof eingerichtet. Sie fährt im Zwei-Stunden-Takt.

Hünxe ist mit rund 13.650 Einwohnern die drittkleinste Stadt im Landkreis Wesel. Eingebettet im Naturpark Hohe Mark wird das Stadtbild vorwiegend von Wäldern beherrscht. Um den Naturraum Kaninchenberge sollten die Pollenallergiker im Frühjahr allerdings einen großen Bogen machen, da der Birkenbestand hier besonders hoch ist. Im Herbst wiederum ist hier ein ausufernder Pilzbestand zu verzeichnen.

Hünxe kann auf eine fast tausendjährige Geschichte zurückblicken und wurde 1975, wie bei vielen anderen Städten, mit einigen, den Ort umgebenden Dörfern zur heutigen Gemeinde zusammengefasst. Das gesellschaftliche Leben ist traditionell und rustikal, hier gibt es vorwiegend Schützen-, Reiter-, Landfrauenvereine sowie Kirchenchöre. Schützenfeste werden gegen Ende Mai im Pferdekarren begangen.

Hünxe lässt sich gerne mit dem Motorrad oder per Rad erkunden. Von Osten einfahrend, erschließt sich das Örtchen Gartrop-Bühl mit einem zauberhaften, renovierten Schlossrestaurant am Schlosspark. Nördlich von Hünxe-Mitte befindet sich das Dörfchen Drevenack mit einem gemütlichen Ortskern. Das Otto-Pankok-Museum ist hier angesiedelt. Ein paar Steinwürfe weiter befindet sich das alte Treidel- und Fischerdorf Krudenburg. Mit seinen rund 300 Einwohnern ist es vergleichsweise winzig und steht vollständig unter Denkmalschutz. Das Dorf wurde schon mehrfach im Wettbewerb ›Unser Dorf soll schöner werden‹ ausgezeichnet, was den Tourismus ein wenig angekurbelt hat. Doch im Großen und Ganzen bleiben die Hünxer eher unter sich.

Im Stadtteil Bucholtwelmen tobt das industrielle Leben. Nahe der Tanklager der Raffinerie ist ein kleines Restaurant mit kuscheligen Unterkünften angesiedelt, das Fischhaus.

GRAF VON MERVELDT'SCHE VERWALTUNG /// SCHLOSS LEMBECK ///
46286 DORSTEN-LEMBECK /// 0 23 69 / 71 67 ///
WWW.SCHLOSSLEMBECK.DE ///

MÜNSTERANER GEFÜHLE IM VEST

Dorsten – Schloss Lembeck

10

Es ist ein langer Weg nach Lembeck. Tatsächlich schneidet man auf dem Weg das westliche Münsterland, was sich unverkennbar durch seine weiten, grünen Felder, Waldabschnitte und endlos dahinschlängelnden Landstraßen bemerkbar macht. Hin und wieder fliegt ein Jesus-Kreuz auf der Tempo-100-Strecke am Seitenfenster vorbei und es werden Zweifel laut, ob man sich noch auf den Pfaden des Ruhrgebiets befindet. Dabei wurde Lembeck bereits 1975 der Stadt Dorsten zugesprochen.

Dorsten ist mit Haltern der nördlichste Punkt im Kreis Recklinghausen sowie des Ballungsraumes Rhein-Ruhr. Lembeck gehört zu den weniger bevölkerten, wenn auch zu den größten Stadtteilen der Stadt, wobei letzteres den beiden Waldgebieten geschuldet ist. Inmitten dieser Wald- und Wiesengegend befindet sich das Schloss Lembeck, fraglos eines der schönsten und besterhaltenen Wasserschlösser in Nordrhein-Westfalen. Das Portal der Vorburg, das gleichzeitig als Brücke dient, ist mit Figuren und Reliefs verziert, und dennoch zeigt sich mit ihm nur ein Bruchteil des gesamten Anwesens. Tatsächlich müssen die neugierigen Gäste zunächst die neuzeitliche Schranke passieren und einen Obolus zur Erhaltung des Bauwerks entrichten, um das dreigeschossige Herrenhaus, seine liebevoll gestalteten Innenräume sowie die zahlreichen Gärten zu besichtigen. Alles in allem kann ein Besuch auf Schloss Lembeck sehr schnell tagfüllend sein – vor allem, da man innerhalb der Gemäuer mehr steht und staunt. Wie zum Beispiel beim Anblick der zahlreichen herrschaftlichen Gemälde, des ausstaffierten Festsaales oder des traumhaften Himmelbetts im Schlafzimmer. Nicht unerwähnt bleiben dürfen allerdings die Gärten, die besonders zur Blütezeit der Rhododendren von derartiger Schönheit sind, dass das Eintrittsgeld in den Frühlingsmonaten mal eben erhöht wird. Aber man nimmt es gerne in Kauf, ist dieser Anblick Teil jener Attraktionen, die man auf seiner Reise durchs Revier einfach gesehen haben muss. Vor allem, da man diese Exkursionen nicht laufend wiederholen wird – höchstens außerhalb des Schlosses, für Spaziergänge.

Jedes Jahr in der letzten Augustwoche findet im Schloss der Kunsthandwerkermarkt FineArts statt. Ein ausgefallener Markt vor einer traumhaften Kulisse.

STADTAGENTUR HALTERN AM SEE /// ALTES RATHAUS ///
MARKT 1 /// 45721 HALTERN AM SEE /// 0 23 64 / 93 33 65 ///
WWW.HALTERN.DE ///

MÜNSTER FÜR ANFÄNGER

Haltern am See

11

Von Haltern am See darf mit Fug und Recht behauptet werden, die Stadt identifiziere sich aber auch gar nicht mit dem Ruhrgebiet. Dies hat historische Gründe. Noch bis zur ersten großen Gemeindereform 1929 war die Stadt dem Kreis Coesfeld im Münsterland zugehörig. Anschließend wurde sie zum ›Tor zum Münsterland‹ degradiert und vom Ruhrpott vereinnahmt. Eine Schmach für viele Halterner. Dabei sind sie dem Bergbau heute mehr verbunden als jene Alteingesessenen an der Ruhr.

Der in Haltern-Lippramsdorf gelegene Schacht 8 des Bergwerkes Auguste Victoria ist nämlich nach wie vor in Betrieb. Sein Fördergerüst am Nordufer der Lippe schneidet sich wie ein überdimensioniertes, grünes A durch die Landschaft. Die dortige Kaue ist in Terrakotta gefliest, ein metallenes Relief fünfer Bergleute, die scheinbar auf dünnen Kohleflözen wandern, ist am Eingang aufgestellt. 2013 vermeldete die RAG für das Bergwerk in Marl und Haltern am See einen Mitarbeiterstand von 3.700 sowie eine Jahresförderung von 2,74 Tonnen.

Haltern am See ist eine jener kleineren Städte im Kreis Recklinghausen, die sich weder dem alten Vest noch der Metropolregion Rhein-Ruhr zugehörig fühlen. Und tatsächlich ist das Münsterland auf der Fahrt dorthin nach wie vor spür- und erlebbar. Eingebettet in den Naturpark Hohe Mark gilt die Stadt für eingefleischte ›Ruhris‹ als Bestandteil der Naherholungszone am Nord- und Westrand des Reviers. Die Innenstadt gibt Elemente einer alten Stadt frei. Doch um diese zu identifizieren, muss man genauer hinsehen. Denn Haltern am See zeigt sich vorbildlich darin, neue Architektur mit alter zu verbinden, was wiederum der münsterländischen Bauweise geschuldet ist. Davon abgesehen bietet die alte Stadt ein Rundum-Sorglos-Paket für mehrere Tage: Machen Sie einen Halbtags-Ausflug ins überregional bekannte Römermuseum. Besuchen Sie den Gänsemarkt. Machen Sie sich auf der Suche nach einem Parkplatz am Seebad das Blut dick. Oder gehen Sie in den Wald, ob mit oder ohne Rad. Und wenn es den Kindern zu langweilig ist, dann gehen Sie in den Ketteler Hof.

Der Ketteler Hof in Haltern-Lavesum ist ein Freiluft-Paradies für kletterfreudige, nicht müde zu kriegende Kinder: www.kettelerhof.de

BETREIBERGESELLSCHAFT SILBERSEE II HALTERN AM SEE MBH ///
KRONPRINZENSTRASSE 35 /// 45128 ESSEN ///
02 01 / 2 06 95 27 /// WWW.SILBERSEE-HALTERN.INFO ///

ANDERS ALS SEE NUMMER I, III UND IV

Haltern am See – Silbersee II

4/11

Der Sand am Seebad ist fein und hell, beinahe weiß. Fußspuren verschwinden sofort und lassen keine Hinweise auf jene anderen gefühlt tausend Leute zurück, die diesen Weg vorhin schon eingeschlagen haben – auf der Suche nach einem adäquaten Liegeplatz. Der See ist ein Synonym für Ersatzurlaub: relaxen am Strand, Spaß im Wasser, brutzeln in der Sonne. Die Kinder suchen derweil nach toten Quallen, die es hier natürlich nicht gibt. Strandkörbe aber schon.

Um 1800 herum kratzten bereits die ersten Bauern den Haltern-Sythener Boden ab, um den guten Halterner Quarzsand als Streugut zu verwerten. Fast hundert Jahre später wurden die Schippen durch Baggerschaufeln abgelöst und die Sandgewinnung automatisiert. Das erste Grundwasser sickerte durch. Im Jahre 1927 wies der größte See eine Tiefe von 18 Metern auf. Leute, die sich an heißen Tagen in Badeanzügen ans Ufer und damit am Rand der Legalität bewegten, hat es allerdings schon vor 1927 gegeben.

Heute bebaggert die Quarzwerke GmbH aus Frechen insgesamt vier Seen in Haltern. Als inoffizielle Badeseen wurden drei von ihnen gehandelt und immer wieder heimgesucht. Mitte der 50er wurde ein Förderteich wenigstens den Mitarbeitern zugänglich gemacht. 1995 war es dann endlich soweit: Silbersee I wurde einige Jahre lang für die Öffentlichkeit freigegeben. Dann verlagerte sich der Quarzsandabbau – und der heutige, gastronomisch und sanitär hervorragend erschlossene Badebetrieb wurde am zweiten Silbersee, dem ehemaligen Schenking Teich, weitergeführt.

Mit einem Sandstrand von rund einem Kilometer Länge (Liegefläche acht Hektar), umrandet von einer grünen Landschaft, sucht der See im Revier in der Tat seinesgleichen. An sonnendurchfluteten Tagen steigt die Besucherzahl nicht selten in die Tausende. Die Betreiber reagierten auf Parkplatzprobleme, schafften eine riesige Fläche in unmittelbarer Nähe und stellten eine DLRG-Station auf. Und der Sportfaktor kommt hier ebenfalls nicht zu kurz: Hin und wieder wird am See das Tauchen erlaubt.

Das Strandrestaurant Treibsand ist die neueste Attraktion am See mit wechselnder Frühstücks-, Tages- und Abendkarte.

CERBERUS
CERBERUS
LWL-INDUSTRIEMUSEUM SCHIFFSHEBEWERK HENRICHENBURG ///
AM HEBEWERK 2 /// 45731 WALTROP /// 0 23 63 / 9 70 70 ///
WWW.LWL.ORG ///

EINE LANDMARKE FÜR WALTROP

Waltrop – Schiffshebewerk

12

Ein eisiger Wind wehte durchs Revier, als die zweite Phase der kommunalen Gebietsreform 1975 anlief. Viele Gemeinden gingen auf die Barrikaden, doch ihre Wünsche blieben ungehört. Dass die Reform bis heute nicht akzeptiert wird, merkt man im Mittelstand: Alt-Kennzeichen wurden im Sommer 2012 wiedereingeführt, die WAZ druckt getrennt für Bochum und Wattenscheid. Da ist es fast kleinkariert zu erwähnen, dass Henrichenburg eigentlich ein Stadtteil von Castrop-Rauxel ist.

Ursprünglich war die Henrichenburg eine alte Ritterburg aus dem 13. Jahrhundert und stiftete der Ortschaft ihren Namen. Bereits vor 240 Jahren wurden ihre Mauern abgetragen und die Burg geriet nach und nach in Vergessenheit. Heute zeichnen akkurat geschnittene Hecken ihren Grundriss nach und sind Bestandteil eines Landschaftsparks. Seit 1975 gehört die Ortschaft Henrichenburg nicht länger zu Waltrop. Mit dem alten Schiffshebewerk jedoch ist ein Teil des Namens für die Stadt erhalten geblieben.

Das Hebewerk wurde 1899 als technisches und architektonisches Sahnehäubchen auf dem Dortmund-Ems-Kanal errichtet. Es war so schön und so bedeutend, dass sich selbst Kaiser Wilhelm II., der sich als Fan der Schifffahrt outete, auf ins Dorf machte, um das Prunkstück einzuweihen. Das Ereignis wucherte zu einer funkelnden Opa-Enkel-Geschichte in Zeiten der Hochindustrialisierung, als die Beton- und Stahlklötze wie lästige Pilze aus den Böden wuchsen.

Heute ist das Schiffshebewerk nicht weniger schön, doch in den 60ern von einem moderneren Pendant ersetzt worden. Inzwischen ist es über die Grenzen hinaus als eindrucksvolles Anschauungsobjekt bekannt, das Kessel- und Maschinenhaus dient außerdem als Museum.

Dass das Hebewerk für viele Örtliche als Kindheitserinnerung im Gedächtnis verweilt, ist heutzutage aber nicht dem Opa, sondern vor allem dem gut ausgebauten Fahrweg am Kanalufer zu verdanken, der bei schönem Wetter gerne für Familienradtouren genutzt wird. Zudem ist das Hebewerk aufgrund des gut strukturierten Kinderprogramms eine passende Anlaufstelle für Schulklassen.

Das Fahrgastschiff Henrichenburg bietet von April bis November viermal täglich Touren von 1 bis 4 Stunden durch den Schleusenpark an.

SEEPARK TERNSCHE /// STRANDWEG 7 /// 59379 SELM ///
0 25 92 / 91 72 10 /// WWW.TERNSCHERSEE.DE ///

DÖRFLICHE FERIEN AM BAGGERSEE

Selm – Ternscher See

5/11

Eine Strandschönheit ist der Baggersee von Selm-Ternsche nicht. Ganz im Gegenteil: Umarmt von Wäldern, Wiesen und Häuschen erscheint die im Vergleich eher winzige aufgeschüttete Strandfläche fast als Notbehelf, um den Ansprüchen der Touristen gerecht zu werden. Dass dieser Service nicht ganz unproblematisch ist, sieht man alle paar Jahre, wenn der Dozer ausrückt, um den Strand für die Saison mal wieder in Form zu schaufeln.

Entstanden ist der See in den 30er-Jahren, als ein Ausbau des Dortmund-Ems-Kanals nötig wurde. Dabei sollen versehentlich Bodenquellen angestochen worden sein, die den Bereich derart schnell mit Wasser fluteten, dass die Arbeiter Hals über Kopf flüchten und sämtliches Handwerkszeug zurücklassen mussten. Jenes schwere Gerät soll sich angeblich immer noch am Grund des Sees befinden. Als belegt gilt aber, dass auch Mammutstoßzähne und Tierskelette zutage gebracht worden sind.

Selm ist eine dem Kreis Unna angehörige Stadt am Nordwestzipfel mit Ausblick zum südlichen Münsterland, was dem Beobachter nicht unbemerkt bleiben dürfte, wenn er von Lünen oder Werne hinaus in die Ortschaft fährt: Die Landstraßen ziehen sich endlos, die Weiden und Wiesen werden von Höfen abgelöst und erste Straßenschilder kündigen Traktoren an. Die Bauernschaft Ternsche war eine Gaugrafschaft des Münsterlandes mit Lüdinghausener Herren als Gaugrafen. Der etwa 15 Hektar große See liegt im Dreieck zwischen Selm, Olfen und Lüdinghausen. Das Strandbad mit seinem alle zwei bis drei Jahre zurecht geschaufelten Sand befindet sich allerdings auf Selmer Boden und damit im Ruhrgebiet. Entlang des beschwimmbaren Südufers erstrecken sich satte, grüne Liegewiesen, umrandet von Sportanlagen, einem Spielplatz und einer gut gepflegten Infrastruktur mit Gaststätte. Von hier aus kann man das bis zu 600 Meter entfernte Nordufer sehen, an dessen Horizont sich Villen und Wohnhäuser reihen. Wer dort wohnt, kann mitunter direkt vom Garten aus die Angel in den See werfen.

Besuchen Sie bei Gelegenheit das in Selm befindliche Schloss Cappenberg, ein ehemaliges Kloster. Hier sind verschiedene Ausstellungen zu sehen.

LIPPETOURISTIK E. V. /// MÜNSTERSTRASSE 1J /// 44534 LÜNEN ///
0 23 06 / 78 10 07 /// WWW.LIPPETOURISTIK.DE ///

EINE SCHLANKE MATHILDE FÜR LÜNEN

Lünen

13

Der Wind kommt von links. Der Rock ihres Kleides fächelt, die rechte Hand greift schützend nach dem weißen Florentinerhut. Zarte Füße ragen unter dem Saum hervor. Sie lächelt warm, doch nicht annähernd so grell wie ihr weißes Kleid. 2008 wäre die ›schlanke Mathilde‹ 80 Jahre alt geworden, doch der Zweite Weltkrieg zerstörte sie. Auf eine Initiative hin schenkte die Firma Henkel der Stadt 1983 eine neue Persil-Uhr.

»Wir treffen uns an der Persil-Uhr.« Der Satz wurde in Lünen in den letzten Jahrzehnten oft gesagt. Denn die vierwandige, in den 20ern noch beleuchtete Reklamesäule mit Uhrwerk ist in der Stadt schon immer ein beliebter Treffpunkt gewesen.

Lünen ist keine Großstadt, hat weder Flair noch Nachtleben. Die Jungen pendeln in die Diskotheken der umliegenden Städte. Vor Ort spielt das Leben entlang der Kulisse des Willy-Brandt-Platzes. Hier floriert das Café Extrablatt, das brandaktuelle Cineworld-Kino schimmert in dessen Rücken. Die Fußgängerzone gestaltet sich bunt und abwechslungsreich und ist seit einigen Jahren starken Fluktuationen ausgesetzt. Während der Strukturwandel in Großstädten wie Dortmund, Bochum und Essen als abgeschlossen gilt, scheint Lünens Einkaufsmeile sich noch finden zu wollen. Doch der Wandel zeigt Wirkung, denn nach und nach wurzeln Filialen großer Ketten in der Fußgängerpassage.

Ohnehin leidet die Stadt Lünen unter einem Kleinstadt-Image, was vor allem der Stadtteilstruktur im Westen und Süden geschuldet ist, dessen eigenständigen Zentren es nicht mehr nötig scheinen, über den Tellerrand und aufs Lüner Land zu schauen. Denn tatsächlich ist Lünen zwar dem Kreis Unna angehörig, der Kreisstadt Unna jedoch um 20.000 Einwohner überlegen.

Lünens Charme wächst: Eine vergleichsweise winzige Altstadt voller Geheimtipps, eine mit traditionellen Einzelhändlern durchsetzte Einkaufspassage, individuelle Bistros und Cafés, Denkmäler sowie Eyecatcher, an welchen man sich prima treffen kann.

Besuchen Sie die Bäckerei Kanne auf der Marktstraße. Dort gibt es die besten Milchhörnchen in der Region. Im Obergeschoss darf das Sortiment gefrühstückt werden.

RISTORANTE DA ROCCO /// ROGGENMARKT 9 /// 44532 LÜNEN ///
0 23 06 / 1 82 42 /// WWW.DA-ROCCO-LUENEN.DE ///

WO DIE ECHTE KÜCHE ITALIENS HOFIERT

Lünen – Ristorante da Rocco

14

Die Altstadt von Lünen ist ein Fleck verbliebener Erinnerungen an eine Zeit vor der großen Sanierungswelle. Heute sind nur noch ein paar Straßenzüge mit 200 bis 300 Jahre alten Fachwerkhäusern, Pflastersteinen und einer ähnlich alten Ruhe geblieben. Die Besuchermassen halten sich in Grenzen – hier wird vorwiegend gewohnt und nicht geshoppt. Inmitten der mittelalterlichen Insel haben Gumbrid und Rocco Tedesco ein kalabresisches Reich geschaffen.

Die Halbinsel Kalabrien liegt an der Stiefelspitze Italiens, zwischen dem Tyrrhenischen und Ionischen Meer. Die Region ist gebirgig, wenig Industrie ist hier angesiedelt. Dafür werden vermehrt Feigen, Oliven, Wein und Tabak angebaut und Viehwirtschaft betrieben. Die kalabresische Küche wurde unter anderem von der griechischen und arabischen Kultur beeinflusst, ihre Tafel gilt als rustikal, katholisch traditionell und einfach. Schweinefleisch und Fisch spielen hier die erste Geige.

Rocco Tedesco stammt aus Kalabrien. 1985 eröffnete er sein Ristorante ›Da Rocco‹ in der Altstadt von Lünen. Und seitdem besticht es mit einer fraglos sternewürdigen, kalabresischen Küche, die in der Stadt viele Freunde gefunden hat. Der intensive Duft gebackener Pizza und aromatischer Saucen umarmt den Besucher bereits beim Eintreten. Das Ensemble im Inneren wechselte Ende der 90er vom Rustikalen teilweise ins Moderne, je nachdem, ob man sich für einen Tisch nahe der Bar oder im Halbobergeschoss entscheidet. Die mit Schirmen geschützte Terrasse ist bei Sonne jedenfalls schnell ausgebucht. Doch ganz gleich, ob auf Kunstleder oder Polstern: Die Gastfreundschaft und Wärme des Ristorante ist in allen Ecken und Nischen spürbar. So lässt es sich Gumbrid Tedesco nur selten nehmen, die Gäste mit einem charmanten Lächeln zu begrüßen oder sich für einen Plausch zu ihnen zu setzen. Bei straffer Besetzung nimmt sie das Tablett auch gerne selbst in die Hand. Die Gesichter ihrer Gäste vergisst sie nicht – ganz gleich, ob sie alle zwei Wochen oder alle zwei Jahre bei Da Rocco einkehren.

Der Lambrusco wird in Deutschland als Billigwein belächelt. Ein Glas aus einer der eingekellerten Flaschen bei Da Rocco wird Sie allerdings positiv überraschen.

MUSEUM DER STADT LÜNEN /// SCHWANSBELLER WEG 32 ///
44532 LÜNEN /// 0 23 06 / 1 04 16 49 ///

EIN STÜCKCHEN LÜNER BERGMANNSGESCHICHTE

15

Lünen – Stadtmuseum

Mit dem Wasserschloss Schwansbell wurde wirklich alles durchprobiert: In den 30ern gastierte die Hitlerjugend, dann fing es Waisenkinder auf. Im Zweiten Weltkrieg diente es als Lazarett. Anschließend hofierten hier ein Sternerestaurant und städtische Ämter. Sogar als Geschenk hat es schon herhalten müssen. Heute ist ein Großteil privat vermietet, der Park öffentlich. Das Stadtmuseum im Gesindehaus war irgendwie schon immer da.

Man hat davon gehört: Kinder vor 1900 waren auch ›nur‹ kleine Erwachsene, die strikt gehorchen und nicht selten Erwachsenenarbeit leisten mussten. 150 Jahre alte Familienporträts lichteten immer strenge Gesichter ab. Selbst die Kinder lächelten nie. Nach diesen trüben Gedanken wirkt die Ausstellung des Stadtmuseums von Lünen als echter Aufheller. Denn das dortige, sorgsam dargestellte Spielzeug Lünener Familien aus den letzten beiden Jahrhunderten zeigt deutlich die Akribie, die die damaligen Spielzeughersteller auf sich nahmen, um Kinderaugen strahlen zu lassen. Wunderschöne Puppen, Miniatur-Küchen und hochwertiges Blechspielzeug stellen klar, dass Lünen einst nicht nur Bergmanns-, sondern auch gut situierte Bürgerstadt war. Außerdem zeugen die unterschiedlichen Spielsachen vom Rollenverständnis zwischen Mann und Frau, in welchem die Kinder so früh wie möglich spielerisch, aber nachdrücklich unterwiesen wurden. Dass die Zöglinge nichts dagegen auszusetzen hatten, neigt man zu unterstellen, denn selbst heute noch drücken sich Kindernasen begeistert an den Scheiben platt.

Eine detailreich eingerichtete Wohnküche, wie sie zwischen den Weltkriegen hätte aussehen können, ist eines der Vorzeigeexponate des Mini-Museums. Doch auch die übrige Ausstellung gusseiserner Öfen, Handwerkszeuge und landwirtschaftlicher Geräte zeigen Aspekte der städtischen Geschichte und Entwicklung. Das kleine Eintrittsgeld lädt zum Wiederkommen ein. Und das tun vor allem Lünener gerne.

Nutzen Sie das schöne Wetter und umrunden Sie das Wasserschloss auf der Suche nach versteckten alten Gräbern. Der Seepark Lünen ist nur zehn Gehminuten entfernt.

SEEPARK LÜNEN /// BAUKELWEG /// 44532 LÜNEN ///
0 23 06 / 10 45 07 ///

WO MAN IN ›PREUSSEN‹ URLAUB MACHT

Lünen – Horstmarer See

Früher hatte Horstmar mit Touristen nichts am Hut. Die Besiedelung ist vom Pütt geprägt, manchen wird bis heute das Kohledeputat auf den Hof geschüttet. Das Steinkohlebergwerk Zeche Preußen tat auch sein Übriges, um dem Ort den Stempel einer eigentümlichen Zechenkolonie aufzudrücken: Der Verkehr strömt auf der Preußenstraße, Sportler bolzen beim SV Preußen 07, der örtliche Bahnhof kommt als ›Preußen Bhf.‹ daher. Dann kam die Landesgartenschau Lünen in den Ort.

Als die Wasserkanonen im Jahre 1994 ihre Arbeiten aufnahmen und Wasser des angrenzenden Datteln-Hamm-Kanals in die Sandgrube spuckten, wurde in Horstmar ein Fest gefeiert: Die Bürger kamen zuhauf, zwängten sich ans Kanalufer oder an die Grube, die Plastikbecher prosteten einander zu. Popmusik schallte gegen die Kanalbrücke, die Sonne brannte auf das schattenlose Gelände und nur die entfernten Wölbungen der alten Preußenhalde durchschnitten den kahlen Horizont.

Es sollte noch zwei weitere Jahre dauern, ehe die Landesgartenschau auf dem stillgelegten Gelände der Zeche Preußen ihre neue Schönheit entfaltete. Nun grünen satte Wiesen über das gesamte Areal, Kleingärten blühen abseits der Wege. Eine Schottergasse windet sich gartenschlauchartig an Spielbereichen und Obstbäumen vorbei und geleitet die Gäste an den künstlich angelegten Sandstrand des neun Hektar großen Badesees. Im Sommer belagern Familien und Jugendgruppen zuhauf den Horstmarer See. Fortgeschrittene reservieren sich bereits in den frühen Mittagsstunden einen der begehrten Schattenplätze am Südufer. Denn Bäume gibt es dort kaum. Und das Betreten des naturgeschützten Nordufers ist untersagt. Steht die Sonne im Zenit, tummeln sich die Kinder am flach abfallenden Ufer, die Wasserqualität gilt als hervorragend, es gibt einen Kiosk auf einer Holzveranda, jedoch keine Badeaufsicht. Eine Wonne für Sonnenanbeter. Allen anderen sei der Seepark im Herbst empfohlen, wenn viel Raum zum Drachensteigen, Hundetoben oder für Spaziergänge entlang der Obstbäume bleibt, um die ersten Äpfel zu ernten.

Wagen Sie einen Blick über den Tellerrand und überqueren Sie die Kanalbrücke in Richtung Schloss Schwansbell, einem Wasserschloss mit wechselvoller Vergangenheit und einem ausgefallenen Baumbestand.

STADTMARKETING WERNE GMBH /// MARKT 19 /// 59368 WERNE ///
0 23 89 / 53 40 80 /// WWW.STADTMARKETING-WERNE.DE ///

DÖRFLICHES FLAIR ZWISCHEN LIPPETAL UND LIPPER HÖHEN

Werne

16

Es sind schon einige Landstraßen zu fahren, ehe man von meiner Geburtsstadt Lünen aus das Städtchen Werne erreicht. Zwar kann es auch über die A 1 angefahren werden, doch eine Reise querfeldein ist sinnvoll, um sich die Ungleichmäßigkeiten des Kreises Unna vor Augen zu führen. Denn wie am Niederrhein machen die städtischen Ausläufer nördlich der Lippe deutlich, dass der Zugehörigkeit zum Ruhrgebiet nicht immer eine Industrialisierung vorangegangen sein muss. Zwar hat Werne eine Zeche zu verzeichnen. Die Schächte wurden jedoch von einem niedersächsischen Hüttenwerk als Notbehelf abgeteuft und waren dem Westfälischen Kohlen-Syndikat somit nie angehörig. Unterdessen schlägt in Werne, insbesondere in seinem bäuerlichen Norden, noch immer ein münsterländischer Puls, der sich selbst nach Eingemeindung in den Kreis Unna – und damit auch ins Ruhrgebiet – nie ganz herausgewachsen hat. Dass dies im Kreisgebiet nichts Besonderes ist, sieht man am südlichen Schwerte. Dort sind einige im Herzen mehr Sauerländer als ›Ruhri‹.

Die rund 30.000 Seelen große Mittelstadt markiert neben Selm den Süden des Kreises Unna. Ihre wunderschöne Altstadt, insbesondere der historische Marktplatz, ist eine sehenswerte Attraktion im Kreisgebiet. Dennoch schafft sie weder ein tagfüllendes Programm, noch kann sie mit ausufernden Festivals aufwarten. Ihr historisches Volksfest Sim-Jü allerdings, das 2012 sein 650. Jubiläum feierte, zieht nach wie vor Tausende an. Eine Shoppingtour in Werne ist locker an einem Tag zu schaffen. Doch werden Sie sich kaum anderswo von der städtischen Ruhe und Gemütlichkeit derart verzaubern lassen – und sich am Ende des Tages, wenn die Dämmerung heranbricht und die Sonne wie ein leuchtendes Eigelb zwischen den Spitzen der Schieferdächer schimmert, an einem Tisch auf der Terrasse des Café Rathaus nicht gestresst und ausgelaugt, sondern einfach nur gut aufgehoben fühlen

☞ Buchen Sie einen halbstündigen Rundflug ›Burgen und Schlösser im südlichen Münsterland‹ (ab Flughafen Hamm).

YACHTHAFEN MARINA RÜNTHE GMBH & CO. KG /// HAFENWEG 30 ///
59192 BERGKAMEN /// 0 23 89 / 31 33 ///
WWW.YACHTHAFEN-MARINA-RUENTHE.DE ///

NAUTISCHE GEFÜHLE IN DER KANALSACKGASSE

Bergkamen – Marina Rünthe

17

Der Yachthafen ist schon eine echte Serviceperle: Doppelboxen mit eigenem Seiteneinstieg, schwankungsarme Stege mit Wasserzapfstellen und eigenen Stromzählern. Teilweise sind die Anlegestellen sogar mit einem TV-Anschluss ausgerüstet. Außerdem gibt es eine Bootstankstelle, geschützte Winterliege- sowie Reparaturplätze mit Kran, sofern man sich den Service der Werft sparen möchte. Der Hafenmeister geht täglich umher. Einem Touristen ist das alles ziemlich wurst.

Seien Sie nicht enttäuscht, wenn Sie die Nase über die Reling halten und feststellen, dass es hier nicht nach Fisch riecht. Immerhin befinden wir uns am Datteln-Hamm-Kanal. Und dort, wo sich Skipper, Werftangestellte und Bootsfahrschüler heute die Klinke in die Hand drücken, hat sich einst der Kohleverladehafen der Zeche Werne befunden. Diese musste in den 70ern allerdings dichtmachen. Danach hielt sich das 40.000 Quadratmeter große Becken eine Zeit lang als Werkshafen über Wasser, doch es hatten sich mittlerweile bessere Transportwege ergeben. Nach ausreichender Verwahrlosung wurde das Areal bis 1995 schließlich für die Allgemeinheit hergerichtet: Reste der alten Kohlehalde wurden abgetragen und eine Pflastersteinpromenade errichtet, von deren Brüstung man die abgestellten Motorbötchen, -boote, und Yachten wunderbar betrachten kann. Entlang der Promenade wiederum hat sich eine ansehnliche Freizeitkultur angesiedelt: Das Hotelrestaurant Nautilus beispielsweise bringt weniger Seemannskost, aber dafür Hirsch, Reh oder Weinbergschnecken auf den Tisch. Daneben lockt der Spielplatz auf Sand mit Mini-Boot und Leuchtturm die Kinder an. Der Skippertreff ist ein Ableger des Betreibers und wirbt wiederum mit Hafenkneipenatmosphäre und Festtagsbetreuung. Alles in allem ist der Yachthafen zwar keine monumentale, epische Attraktion im Revier – aber er ist einfach zu schön, zu gemütlich und weckt viel zu viele Urlaubsgefühle, als dass man an ihm einfach vorbeifahren sollte.

Die Santa Monika III und die MS Hildegard laden zu Rundfahrten auf dem Datteln-Hamm-Kanal ein.

›INSEL‹ – VERKEHR & TOURISTIK ///
VERKEHRSVEREIN HAMM E. V. /// WILLY-BRANDT-PLATZ ///
59065 HAMM /// 03 81 / 2 34 00 ///
WWW.VERKEHRSVEREIN-HAMM.DE ///

DIE ELEFANTENSTADT AM OSTZIPFEL

Hamm

18

Anlässlich des 20. Geburtstages des Glaselefanten im Maximilianpark wurden 2004 erstmals 35 von Künstlern individuell gestaltete Elefantenplastiken auf die Großstadt losgelassen. Unter dem Titel ›Hamm elephantastisch‹ sowie aufgrund der großen Beliebtheit wurde die Elefantenparade für den NRW-Tag 2009 fortgesetzt. Die gut 80 Plastiken sind heute bis in den äußersten Stadtrandgebieten zu finden. Doch die Idee ist nicht neu.

Der Ursprung der Tierparaden aus Fiberglasfiguren lässt sich bis 1998 nach Zürich zurückverfolgen. Erste Ausläufer im Ruhrgebiet waren im CentrO Oberhausen zu besichtigen. Rigoros durchgestartet ist im Pott allerdings erst die Elefantenparade von Hamm. Denn anders als in Dortmund, Oberhausen, Unna oder Wesel wurden die Skulpturen nahtlos in die bereits vorhandene Maskottchenkultur, die 20 Jahre zuvor schon aus dem Glaselefanten gewachsen ist, integriert. Mittlerweile ist es schwierig, in der Stadt der einen oder anderen Adaption eines Elefanten aus dem Weg zu gehen, wurde der ›Maxi‹ nun offiziell zum Wahrzeichen erklärt.

Hamm ist eine Großstadt am östlichen Ende des Ruhrgebiets. Und eine Fahrt dorthin ist alles andere als kurzweilig: Tatsächlich kann sie in punkto Fläche locker mit den Großstädten Dortmund, Essen oder Duisburg mithalten, ihre Bevölkerungsdichte schafft aber gerade mal ein gutes Drittel vom großstädtischen Revierdurchschnitt. Bemerkbar macht sich dies auf dem Weg ostwärts in die Stadt, wenn die flache Landschaft von freistehenden Einfamilienhäusern abgelöst wird. Hier ist einfach noch Platz dafür.

Die Innenstadt von Hamm mag da vergleichsweise klein wirken. Doch einige bauliche Attraktionen wie der gepflegte Park am Rand der Fußgängerzone, der eine oder andere Altbau sowie der Shopping-Magnet mit mehr als 80 Geschäften, das Allee-Center, gestalten den Tag in Hamm zu einem Rundum-Wohlfühl-Paket mit vielen Facetten sowie gastronomischen Anlaufpunkten, deren Biergärten besonders an sonnigen Tagen die City dekorieren.

Alljährlich findet im Kurpark auf der Ostenallee ein Kurparkfest statt. Ebenfalls auf der Ostenallee befindet sich der eindrucksvolle Ostenfriedhof, der allen Kulturen und Glaubensrichtungen offen stand (1800–1918).

MAXIMILIANPARK HAMM GMBH /// ALTER GRENZWEG 2 ///
59071 HAMM /// 0 23 81 / 98 21 00 /// WWW.MAXIMILIANPARK.DE ///

EINE BEGEGNUNG DER FLATTERNDEN ART

Hamm – Maximilianpark

19

Das Schmetterlingshaus im Maxipark Hamm-Uentrop ist ein tropischer Mikrokosmos auf dem Grund einer ehemaligen Steinkohlezeche. Auf einer Fläche von 450 Quadratmetern flattern, gleiten, schlurfen und krabbeln rund 80 verschiedene Schmetterlingsarten durch eine gut behütete Palmen- und Blumenlandschaft inklusive Wachteln, Teich und Schildkröte. Points of Interest sind hier diverse Bananenscheibenstationen, wo Besucher sich auf Nasenspitzenlänge an die Falter herantasten können.

Ein besonders schönes Exemplar ist der blaue Morphofalter. Seine blau schimmernden Flügel erreichen eine Spannweite von bis zu 20 Zentimetern. Sein Flug ist beeindruckend und seine Flügel schlagen beinahe zeitlupenartig sowie nicht selten haarscharf an den Besuchern vorbei. Das Zuhause des Edelfalters ist der Regenwald. Heute gehört er zu den bedrohten Arten.

Der Maximilianpark wurde 1984 im Zuge einer Landesgartenschau auf dem alten Gelände der gebeutelten und buchstäblich abgesoffenen Zeche Maximilian errichtet. Das Steinkohle-Bergwerk war ein Projekt des bayrischen Stahlwerks Maximilianshütte gewesen, benannt nach dem Bayernkönig, und war nach zahllosen Wassereinbrüchen nur widerwillig aufgegeben worden. Als die Landesgartenschau als erste in Nordrhein-Westfalen nach Hamm kam, hatte sich das Gelände bereits selbst renaturiert. 1985 wurde der Park schließlich in den Maximilianpark umgetauft und gehört heute zu den populären, eintrittspflichtigen Naherholungsgebieten im Revier. Mit einer Grundfläche von 22 Hektar ist er im direkten Vergleich zum Westfalen- und Grugapark zwar bedeutend kleiner und teurer (das Schmetterlingshaus fordert zusätzliches Eintrittsgeld). Für Kinder und Fußfaule ist der Maxipark jedoch eine reine Wohltat: Die riesigen Wasser- und Kletterspielplätze stehen als Attraktionen für sich und können immer schnell erreicht werden. Wer ein müdes Schulkind braucht, sollte sich einfach mit einer Picknickdecke beiseite legen und die Dämmerung abwarten. Aber vorher nicht vergessen, das Schmetterlingshaus zu besuchen.

☞ Die ehemalige Kohlenwäsche wurde von Architekt Horst Rellecke in einen Glaselefanten umgestaltet. Er steht als größtes Gebäude in Tiergestalt im Guinness-Buch der Rekorde.

HINDU SHANKARAR SRI KAMADCHI AMPAL TEMPEL E. V. (EUROPA) /// SIEGENBECKSTRASSE 4 /// 50971 HAMM /// 0 23 88 / 30 22 23 /// WWW.KAMADCHI-AMPAL.DE ///

MITBETEN AUSDRÜCKLICH ERLAUBT!

Hamm – Sri Kamadchi Ampal Tempel

20

Man muss schon ein spirituelles Anliegen haben oder sehr neugierig sein, um nach der Anreise nicht gleich wieder kehrtzumachen. Der Hindu-Tempel thront in Hamm-Uentrop, Stadtteil des Gewerbes und Kraftwerks. Die Tempeltürme sind von Hallen und Containern umringt, Spaziergänger gibt es hier nicht. Die Schuhe werden an Biertischbänken ausgezogen, der Shop erinnert an einen Flohmarkt. Und trotzdem muss man einmal hier gewesen sein.

Die heutige Gruppe ist kunterbunt: Hindus, Muslime, Katholiken und Protestanten. Alle werden sie von der Magie einer Religion angezogen, die nach letzten archäologischen Funden mindestens 10.000 Jahre alt sein muss. Das Tempelinnere wiederum scheint überschaubar. Der Raum misst 27 mal 27 Meter. An den schmuckvoll und bunt gestalteten Schreinen vorbei stechen vor allem die weißen Boden- und Wandkacheln ins Auge, die sicherlich wichtig sind, um den geweihten und heiligen Raum sauber zu halten. Nicht selten beherrschen Flammen und Wasser die Riten. Außerdem kommen Hindus häufig barfuß zum Gottesdienst. Eine Wohltat also, dass unter den Bodenfliesen eine Heizung die Füße wärmt.

Der Tempel ist der Göttin Sri Kamadchi Ampal geweiht, der Göttin mit den liebenden Augen. Ihr ist der Zentralschrein zugesprochen, in ihm thront eine Figur aus schwarzem Granit. Um ihn herum sind die Schreine weiterer Götter errichtet. Der Gebetsgang erfolgt im Uhrzeigersinn, alles hat eine festgeschriebene Position. Unterwegs trifft man auf fantasievolle Bildnisse, Bilder und Skulpturen, die Farben übertünchen jeden Anschein von Belanglosigkeit. Jedes Detail ist wichtig, hat eine Geschichte und eine Notwendigkeit. Barfuß und am beheizten Boden sitzend reist man durch die Zeit und lernt Zusammenhänge kennen, die einem bisher verschlossen geblieben sind. Eine solche Reise, mitten im Tempel, ist kaum irgendwo sonst möglich. Vor allem nicht in Indien. Doch Hauptpriester Siva Sri Arumugam Paskarakurukkal war es ein Anliegen, alle Menschen im Tempel willkommen zu heißen.

Häufig schließt an die Führung unmittelbar ein Gottesdienst an. Nehmen Sie die Gelegenheit wahr. Denn es steht Ihnen frei, jederzeit wieder zu gehen.

WASSERKI HAMM AM HAARENER SEE /// SUNDERNSTRASSE 10 ///
59071 HAMM /// 0 23 88 / 30 38 25 ///
WWW.WASSERSKI-HAMM.DE ///

DIE WASSERSKI-SEILBAHN IST DER RENNER

Hamm – Haarener See

7/11

Wer planschen und mit Sand spritzen will, sollte vielleicht doch besser nach Haltern oder Lünen reisen. Zwar ist der See in Hamm-Uentrop für Badegäste frei und verfügt über eine schnuckelige, feine Sandlandschaft. Das Hauptaugenmerk der Gäste liegt hier jedoch auf dem eindrucksvollen Drahtseil- und Krangespann quer über der Wasserfläche, mit dessen Hilfe sich die 7- bis 60-Jährigen über die Oberfläche ziehen lassen. Ist beides schon mal vorgekommen.

Im Frühjahr 2007 erfolgte der erste Spatenstich für eine gründliche Aufräumaktion des in den 80er-Jahren entstandenen Abgrabungssees sowie des daran angebundenen, toten Kohlenhafens. Initiiert wurde das Ganze vom Regionalverband Ruhr, dem das östlichste Ruhrgebiet einfach zu arm an Freizeitgewässern war. Mit den Gedanken, aus der acht Hektar großen Wasserlache ein Freizeitzentrum zu machen, ging der RVR immerhin schon sechs Jahre schwanger. 2005 schließlich konnte die Wasserski Paderborn GmbH & Co. KG als Pächter gewonnen werden. Drei Jahre später wurde die Wasserski-Seilbahn eröffnet. Das Umfeld wurde verschönert und mit sämtlichen nötigen Accessoires, wie einem Kiosk, einem Sportshop, Grillstationen und sogar einem Campingplatz ausgerüstet. Seitdem jagen Anfänger bis Vollprofis mit mindestens 30 Stundenkilometern auf Skiern oder Wakeboards über die Wasseroberfläche. Wer lieber Sonne und Strand genießt, kann sich allerdings auch auf der 15.000 Quadratmeter großen Liegewiese niederlegen, den Kindern beim Planschen im Flachwasser zusehen oder das Treiben an der Seilbahn von der Holzterrasse aus beobachten, die bei zunehmender Dunkelheit großzügig beleuchtet wird.

Die Wasserski-Betreiber bieten Kurse für Anfänger jeden Alters an. Im Preis inbegriffen sind selbstverständlich die Leihmieten für Skier oder Wakeboards ebenso wie Neoprenanzug und Schwimmweste, die auch außerhalb der Kurse geliehen werden können. Für Studenten, Kinder und Gruppen, wie zum Beispiel Schulklassen, gibt es besondere Angebote. Sehr gern angenommen werden auch die Ferienkurse. Es kann sich also niemand herausreden, es nicht doch einmal zu probieren.

Wenn Sie den nötigen Mumm Ihrer Lieblings-Begleitung anzweifeln: Verschenken Sie doch einfach einen Gutschein!

ENTLANG DER EMSCHER

JAWOHL, DAS IST DER RHEIN-HERNE-KANAL. DIE EHER WINZIGE EMSCHER BEFINDET SICH WEITER RECHTS – AUSSERHALB DES BILDES.

CENTRO MANAGEMENT GMBH /// CENTROALLEE 1000 ///
46047 OBERHAUSEN /// 02 08 / 8 28 20 55 /// WWW.CENTRO.DE ///

EIN BESSERES ZENTRUM FÜR OBERHAUSEN?

Oberhausen – Neue Mitte

21

Die Stadt Oberhausen muss sich die Frage gefallen lassen, ob ihre alte Innenstadt dermaßen unansehnlich ist, dass sie mit der Neuen Mitte kurzerhand eine neue schaffen musste. Tatsache ist: Nach Oberhausen kommen die Touristen meistens nur noch, um durch das neue Stadtzentrum zu flanieren. Oberhausen-Mitte hingegen gilt als touristisch unerschlossen. Auch Google macht dabei mit: Unter dem Suchbegriff ›Oberhausen-Mitte‹ kommen lediglich Bilder der Glaskulissen des CentrO heraus.

Im CentrO selbst sprechen Neuankömmlinge zu Recht von Reizüberflutung. Über 220 Geschäfte bieten mit individuellen Werbemaßnahmen ihre Artikel feil. Hier glitzert und funkelt es, dort flimmert Neon und Halogen. Die Böden sind auf Hochglanz poliert und reflektieren die Lichter der Geschäfte und Decken in gut 40 Metern Höhe. Kinder und Hunde haben zu besten Shoppingzeiten kaum eine Chance, einen Blick auf das Gesamte zu bekommen, sondern kriegen stattdessen nur Kniebeugen und Mülleimer zu Gesicht. Die Dachkuppel ist gläsern. Doch ob und wann es dunkel wird, registriert man hier nicht. Umso größer ist die Überraschung an der Luft, wenn man nach den Einkaufsstrapazen einen Spaziergang auf der Gastronomiemeile neben der künstlich angelegten Wasserstraße einschlägt und feststellt, dass die Sonne unlängst schlafen gegangen ist.

Die Neue Mitte wurde 1996 auf dem Gelände der Gutehoffnungshütte des Thyssen-Konzerns erschaffen und gilt heute als Aushängeschild für einen erfolgreich absolvierten Strukturwandel. Das CentrO ist ein nicht unerheblich großer Bestandteil davon. In unmittelbarer Nähe ist ein kleiner Freizeitpark, der CentrO-Park, gewachsen, der mit mutigen Eintrittspreisen vornehmlich Kinder anlockt. Weitere Attraktionen bilden Entertainment-Stationen wie die König-Pilsener-Arena, das Metronom Theater und ein Multiplex-Kino. Doch auch Altbewährtes findet Raum zur Entfaltung: Im Gasometer, einer der markantesten Landmarken von Oberhausen, finden heute Ausstellungen statt und es dient als Aussichtsplattform.

Das wohl beste und umfangreichste asiatische Buffet im östlichen Revier gibt es in der Pagoda auf der anderen Seite der Wasserstraße.

AQUApark
Oberhausen
AQUAPARK OBERHAUSEN GMBH ///
HEINZ-SCHLEUSSER-STRASSE 1 /// 46047 OBERHAUSEN ///
02 08 / 6 25 35 90 /// WWW.AQUAPARK-OBERHAUSEN.COM ///

DIE KLEINEN REIZE SIND ENTSCHEIDEND

Oberhausen – Aquapark

22

Es ist ein Erlebnisbad, nicht mehr und nicht weniger, und es könnte an dieser Stelle problemlos durch ein anderes ersetzt werden, denn Freizeitbäder gibt es im Revier genug. Das eine größer, das andere vielfältiger. Und die Dekorationsmittel wie ein kleiner Förderturm, Loren und ein Grubenpferd sind zwar nett, erhöhen aber nicht automatisch den Attraktivitätswert. Vor allem nicht für Einheimische, die sich an Industrieruinen mittlerweile satt gesehen haben. Was also ist so Besonderes am Aquapark?

Die Raffinesse am Aquapark Oberhausen ist der hohe Wohlfühlwert: Die Eintrittspreise machen glücklich, das Wasser ist, mit Ausnahme des Sportbeckens, durchgängig warm. So wird auch das Geplätscher im Außenbecken, welches vom Innenbecken durch einen Wasserkanal erreichbar ist, bei kalten Temperaturen erträglich. Es gibt sprudelnde, spritzende Events, Wasserfälle, einen schneckenförmigen Strudel sowie einen populären Kleinkindbereich. Mutige Springer hüpfen vom Möchtegern-Förderturm, Rutscher brettern mit Gummireifen die Ober- oder Untertage-Rutschröhre hinunter. Nackenmuskelverspannungen sind passé, denn kein Badegast muss länger um sein Geld in der Sporttasche fürchten und seinen Blick ununterbrochen gen Ruheplatz richten. Ein wasserunempfindlicher Plastikchip macht's möglich: Er speichert sämtliche Ausgaben vor Ort. Bezahlt wird letzten Endes am Ausgang, das Geld bleibt solange im Spind. Gründe für Extraausgaben gibt es allemal: Der Shop mit Schwimm- und Sportartikeln bietet Artikel für Klein und Groß zu guten Preisen an. Des Weiteren lohnt sich ein Besuch der auf Werkskantine gestalteten Imbissstube, die mit einer Fülle an warmen und kalten Speisen aufwartet. Die Variante Pommes mit Currywurst sei unbedingt empfohlen.

Der Aquapark wurde 2009 auf dem Gelände der Neuen Mitte errichtet und befindet sich in unmittelbarer Nähe zum CentrO, dem Sea Life und dem Legoland Discovery Centre, welche man im Übrigen ebenfalls unbedingt besucht haben müsste.

Besuchen Sie den Aquapark unter der Woche, um dem Ansturm an den Rutschen, dem Whirlpool und dem Springturm zu entgehen.

GESCHÄFTSSTELLE UND TOURIST-INFORMATION ///
OSTERFELDER STRASSE 13 /// 46236 BOTTROP ///
0 20 41 / 76 69 50 /// WWW.BOTTROP.DE/GSB ///

THEATERAUFFÜHRUNGEN OPEN AIR IN 126 METERN HÖHE

Bottrop – Halde Haniel

23

Trübsinnig ragen die rund 800 Kilo schweren Eisenbahnschwellen aus der schwarzen Düne der Abraumhalde empor. Ihr Holz ist gekerbt und bemalt, die Füße in Beton eingelassen. Vor dem wolkenlosen Himmel wirken sie wie Denkmäler einer längst vergangenen Zeit – oder wie von Außerirdischen gemacht. Denn tatsächlich ähnelt das Haldenplateau einer Mondlandschaft: Schwarz, zerfurcht, tot. Würden an Karfreitag nicht tausende Christen hinaufströmen und Gottesdienste abhalten.

Eigentlich dienen Bergehalden dazu, das jahrzehntelang angefallene, nicht Kohle führende Gestein der Bergwerke am Horizont zu türmen. Allein das Ruhrgebiet schaffte es auf etwa 170 derartige Schutthaufen, ehe die meisten wegen mangelnder Stabilität, Ästhetik oder drohender Schwelbrände wieder abgetragen wurden. Mit den Bergehalderichtlinien von 1984 wurden die Bergwerke aufgefordert, ihre Schutthalden für die Menschheit nachhaltig nutzbar zu machen. Ausgediente Halden wurden begrünt, gedüngt und Umweltverträglichkeitsprüfungen unterzogen. Flora und Fauna zog ein und es entstanden individuelle Landschaftsbauwerke, die der Region nicht nur ein neues Gesicht verliehen, sondern vor allem mithilfe markanter Attraktionen zum Sinnbild des Strukturwandels wurden. Stellvertretend für diese stehen die Tótems des baskischen Freiluftkünstlers Agustín Ibarrola auf dem Monte Schlacko der Steinkohlezeche Prosper-Haniel in Bottrop und stellen äußerst treffend die Kernaussage des Künstlers nach, der mit ihnen die scheinbaren Gegensätze von Industrieraum und Natur verbinden wollte.

Neben der Kunstinstallation lockt ein Amphitheater mit 800 Sitzplätzen und wechselnden Veranstaltungen die Touristen auf das Plateau. 1987 fertigten Auszubildende der Zeche ein Kreuz aus Spurlatten an und markierten die Spitze der 159 Meter hohen Halde als Landmarke. Fünf Jahre später nahm Papst Johannes Paul II. den beschwerlichen Weg hinauf, um das Kreuz zu weihen. Seither finden auf der Halde Karfreitagsprozessionen statt. Das Kreuz ist allerdings nur das vermeintliche Gipfelkreuz, stehen Ibarrolas Tótems doch einige weitere Meter aufwärts.

Nehmen Sie sich für den Aufstieg ausreichend Wasser und Proviant mit.

MALOCHE ALS TOURISTENATTRAKTION

Route der Industriekultur

Eine Route der Industriekultur – das klingt ein wenig nach einem Fußmarsch bei Sonnenschein, unterlegt mit touristischen Take-aways wie einer Mini-Grubenlampe fürs eigene Wohnzimmer oder einer Handvoll Kohle, selbst eingesammelt am Fuße einer denkmalgeschützten Halde. Machbar an einem Acht-Stunden-Tag.

Doch mit dem Ruhrgebiet ist das so eine Sache. Nur, damit wir uns richtig verstehen: Mit Industriekultur meint man die Zurschaustellung von Industriegeschichte und zwar mit all ihren Meilensteinen, Niederlagen und Konsequenzen. Das Ruhrgebiet ist voll davon. Mehr noch: Seine Industriegeschichte platzt förmlich aus allen Nähten. In den letzten 200 Jahren wurden über 3.000 mehr oder weniger große Zechen errichtet und, nach Erschöpfung der Flöze, größtenteils wieder niedergerissen. Parallel zum Stollenbergbau entwickelten sich die Eisenhütten in Oberhausen, Duisburg und Essen, deren Hochöfen erstmals im 18. Jahrhundert angeblasen wurden. Sie waren der größte und wichtigste Abnehmer der rund 30 Kokereien, von denen heute nur noch drei aktiv sind. Neben diesen Industriezweigen prägen Chemieunternehmen und Kraftwerke bis dato den nördlichen Rand. Nicht zu vergessen die Brauereikünstler in Dortmund und Bochum. Dass so eine ›Route der Industriekultur‹ im Ruhrgebiet sehr schnell lang, komplex und kaum an einem Tag geschafft werden kann, ist also einleuchtend.

Dennoch: Längst nicht jede Betonschachtel und Stahlkonstruktion im Ruhrgebiet ist gleich ein Kulturobjekt. Die Zahl der Vorzeigesiedlungen ist verschwindend gering, viele Industrieruinen rosten sich die Seele aus dem Leib. Jede zehnte Scheibe ist eingeschlagen, kaum eine Fassade nicht mit Graffitis besprüht. Industrie war noch nie eine Schönheit. Doch Ruhrgebiets Marketingstratege Regionalverband Ruhrgebiet (RVR) hat alle Register gezogen, um aus dem Maschinenfriedhof ein kulturelles Erlebnis zu machen. Mit insgesamt 54 Hauptattraktionen geht die Industriekulturroute inzwischen an den Start. 400 Kilometer in der Länge waren dazu nötig, aber von geradeaus fahren kann hier nicht die Rede sein. Vielmehr ist die Route ein Zickzack-Rundkurs zwischen Ruhr und Emscher mit Ausschlägen nach Norden zur Lippe. Da kann ein Acht-Stunden-Marsch schnell zu einer Acht-Tage-Tour werden. Allerdings gibt es auch gute Nachrichten: Sie müssen nicht alles davon besuchen.

Seien wir doch mal ehrlich: Eine Zeche ist eine Zeche. Mehr als 150 Jahre lang wurden die Kohleflöze, die sich kilometerweit unter das Ruhrgebiet erstreckten, unter schwersten Bedingungen abgetragen. War das Flöz ausgescharrt, wurden die Schächte verfüllt. Und der Bergbau wanderte weiter. Zunächst an die Emscher, danach an die Lippe. Noch vor Beginn des 20. Jahrhunderts hatte sich das geografische Volumen des Bergbaus, das entlang der Ruhr seinen Anfang nahm, verdreifacht. Das Vorkommen an der Ruhr war zu diesem Zeitpunkt bereits erschöpft, die meisten dortigen Zechen schon um 1930 geschlossen oder abgerissen. Der Name Ruhrgebiet jedoch blieb.

Heute ragen zahlreiche tote Fördertürme in den Horizont. Besonders entlang der Ruhr und Emscher gibt es kaum eine Stadt, die nicht mindestens ein Fördergerüst zur Schau stellen kann. Einst riss der Anblick ihrer stillstehenden Räder tiefe Wunden in das Bild des Ruhrgebiets. Heute sind sie stumme Zeitzeugen eines der wirkungsvollsten Strukturwandel in Europa. Und ihre Zechen sind die Hauptanziehungspunkte entlang der Kulturroute: Ihre durchschnittlich 60 Meter hohen Fördertürme gehören für Bergbaufremde zu den architektonischen Attraktionen, ihre Maschinen- und Kesselhäuser bieten ausreichend Raum für Ausstellungen und Veranstaltungen.

Wer sich also einen Überblick über das Leben und Sterben des Steinkohlebergbaus im Ruhrgebiet verschaffen möchte, dem bleibt in der Tat die Qual der Wahl. An dem Deutschen Bergbau-Museum in Bochum (Seite 157) führt jedoch kein Weg vorbei. In dem wohl bedeutendsten Bergbaumuseum der Welt wird den Besuchern die technische und geschichtliche Entwicklung des Bergbaus gezeigt, nicht ohne auf die kulturellen Konsequenzen einzugehen. Die Fülle und Größe der Exponate ist atemberaubend und grenzt an Reizüberflutung. Unter einem Tagesausflug ist hier zeitlich kaum etwas möglich. Ein weiterer Anlaufpunkt, den man auf gar keinen Fall umgehen darf, ist das UNESCO-Weltkulturerbe in Essen-Katernberg, die Zeche Zollverein (Seite 137). Hier befindet sich auch das Besucherportal der Route der Industriekultur. Die dortige Kokerei ist zu einer Kunstausstellung umfunktioniert, in der Kohlenwäsche hat sich das Ruhr Museum eingefunden. Ihre Ausstellung spiegelt nah und umfassend vor allem die soziale Geschichte und Kultur des Ruhrgebiets wider. Außerhalb der Gemäuer wartet das Gelände mit einem beinahe skurrilen Freizeitprogramm auf. Eine Schlittschuhbahn im Winter, Riesenradfahrten bei schönem Wetter. Selbst einkaufen ist hier problemlos möglich. Wem allerdings mehr Handfestes und Ursprüngliches lieb ist, der sollte einen Ausflug ins Muttental (Witten) zur Zeche Nachtigall in Betracht ziehen. In der Wiege des Ruhrbergbaus sind freiliegende Kohleflöze Open Air zu betrachten. Die Führungen im Nachtigallstollen mit Grubenhelm und Lampe sind nicht nur für Kinder aufregend. Weitere Attraktionen sind dort die Feldbahn sowie ein 35 Meter langes Segelschiff als begehbares Kohlenschifffahrtsmuseum. Als Meilenstein der stählernen Architekturgeschichte im Ruhrbergbau zählt wiederum die Zeche Zollern in Dortmund-Bövinghausen. Mit ihren fürstlichen Giebeln und der jugendstilartigen Maschinenhalle macht sie den Abstecher in die Geschichte des Ruhrbergbaus komplett. Selbstverständlich sind auch hier Dauer- und Sonderausstellungen anzutreffen.

Und wo die Zechen waren, türmten sich die Halden. Entstanden sind die zuletzt 100 Hektar großen Schutthaufen unmittelbar entlang der Schächte und bestehen aus jenem tauben Gestein (im Fachjargon ›Berge‹ genannt), welches beim mechanisierten Abbau zwangsläufig mit zutage gebracht wurde. Die ersten Halden waren steil, spitzkegelig und bedrohten die Nachbarschaft, da es in ihrem Inneren häufig zu Schwelbränden kam, die giftige Gase freisetzten. Die Preußenhalde in Lünen am Seepark (Seite 57) ist eine dieser brennenden Halden. In der nächsten Generation entwickelten sich die Halden zu Tafelbergen mit serpentinartigen Auffahrten, die entsprechend mehr in die Breite wuchsen. Seit den Bergehalderichtlinien von 1984 allerdings müssen die jüngsten Exemplare eng an das Landschaftsbild angepasst werden. Dadurch wirken sie hügeliger, ihre Schüttung unterstützt den Selbstbegrünungsprozess. Im Ruhrgebiet gibt es knapp über 70 Halden, weniger als die Hälfte ist touristisch erschlossen. So ist das Alpincenter in Bottrop mit der längsten künstlichen Skipiste der Welt ist auf einer Halde errichtet. Sehr schöne Kunstinstallationen befinden sich außerdem auf der Halde Haniel (Seite 77), auf deren nördlicher Spirale noch Schüttungen betrieben werden. Das 30 Meter hohe Geleucht auf der Halde Rheinpreußen in Moers diente als Schlussbild für diesen Kulturführer. Über die Grenzen populär geworden ist weiterhin das Tetraeder, ein pyramidenförmiges Stahlgerüst mit drei Aussichtsplattformen, das bei starkem Wind freilich zu einem Kletterabenteuer für Mutige wird. Nicht zu vergessen die Halde Rheinelbe in Gelsenkirchen, auf deren Spitze sich die Steinskulptur Himmelstreppe befindet, die an die eigensinnige Architektur der alten Azteken erinnert.

Der Regionalverbund Ruhr legt großen Wert darauf, entlang ihrer Industriekulturroute sämtliche sozialkulturellen Facetten des Ruhrbergbaus festzuhalten. Daher gehören die Zechensiedlungen zu einem nicht unwesentlichen Bestandteil einfach dazu. Sie sind eine markante Spiegelung für den nach 1830 eingesetzten Bevölkerungszuwachs und prägen bis heute die Wohnungslandschaft entlang der Ruhr und Emscher, in Teilen auch entlang der Lippe. 1801 wurde die erste Dampfmaschine des Ruhrgebiets auf Zeche Vollmond in Bochum-Langendreer verbaut. Der industrielle Bergbau war geboren: Entlang der Flöze schossen die Fördertürme wie Gänseblümchen aus dem Boden. Kokereien, auch Wolkenfabriken genannt, wurden in unmittelbarer Nähe errichtet und fütterten die Hüttenwerke mit dem dringend benötigten Koks. Schienenstränge schnitten sich querfeldein durch die vermeintlichen Dörfer, deren Bevölkerung sich durch Zuzug von angeheuerten Europäern schon längst verzehnfacht hatte. Der Wohnungsmangel wird um 1850 akut. Überbelegungen und hygienische Missstände verursachen Seuchen und stören den Frieden in der Nachbarschaft. Durch den Stress, schnelle Lösungen zu finden, werden die Siedlungen mitunter völlig unstrukturiert unter den Schatten der Schornsteine gebaut. Die Ziegelbauten mit ihren zwei bis vier Wohnungseinheiten sowie einem Gemüsegarten und einem Schuppen sollten vor allem den Ansprüchen ländlicher Zugezogener gerecht werden. Die niedrigen Mietpreise banden die Malocher außerdem an ihren Arbeitgeber; um die Jahrhundertwende lebt jeder fünfte Arbeiter in einer Zechenkolonie.

Gegenwärtig ist es noch nicht schwierig, die alten Arbeiterkolonien ausfindig zu machen. Ganz im Gegenteil: Der bauliche Charakter springt ins Auge, obwohl man nicht so recht weiß, woran man die Eigenarten letzten Endes festmachen kann. Ist es die durchgängig gleiche Architektur der Häuser? Die Laube im Garten oder das Dach? Allesamt Aspekte, die auch in Neubaugebieten zu finden sind. Bei genauerer Betrachtung mögen es vielleicht die durch Bergschäden rissigen Wände oder das Kohledeputat am Fuße der Haustür sein. Doch diese sind im Vorbeifahren wohl kaum zu erkennen.

Allerdings herrscht Aufbruchstimmung im Revier. Nach der Kohlenkrise ging in den 70er-Jahren eine hektische Abrisswut umher – hatten doch die Zechen aufgrund schrumpfender Arbeiterschaft für die Häuser keine Verwendung mehr. Überraschenderweise stellten sich ihnen mancherorts die Bürger mit Initiativen in den Weg – mit Erfolg; und dem

Ergebnis, dass ein wesentlicher Bestand zur Privatisierung freigegeben wurde. Dies hatte eine grundlegende gesellschaftliche wie soziale Umstrukturierung in den Kolonien zur Folge: Junge, nicht selten bergbaufremde Familien bezogen sanierungsbedürftige Viertelhäuser, pumpten ihre Ersparnisse in die alten Gemäuer und gestalteten sie nach individuellen Wünschen und Bedürfnissen um. Nicht selten wurde dadurch ein Zechenhaus mit vier Käuferparteien mit ebenso vielen Fassadenfarben bestrichen. Kein Wunder also, dass im Vergleich dazu die baulich unveränderten, maroden Mietshäuser, deren Instandhaltung die überlebenden Bergleute beim Verwalter noch immer bitter erstreiten müssen, fast als Kuriosität ins Auge stechen. Dass hier soziale Welten aufeinanderprallen, sei hier nur beiläufig erwähnt.

Inzwischen ist eine neue, der Industriekultur verpflichteten Welle über das Ruhrgebiet geschwappt: Hübschere Siedlungen, deren ursprünglicher Charakter bisher erhalten geblieben ist, wurden grundlegend saniert und unter Denkmalschutz gestellt mit dem Ziel, sie vor der Verschönerungswut euphorischer Bewohner zu schützen. Sie dienen als Erinnerungsstücke für eine alte Bergmannstradition und können nach Anleitung der Industriekulturroute zu jeder Tageszeit, also im Vorbeigehen, betrachtet werden. Als eine der schönsten Hinterlassenschaften gilt die Siedlung der Hüttenleute in Essen-Margarethenhöhe (Seite 143). Ein besonderes Museum stellt außerdem das Bergarbeiter-Wohnmuseum in der Rudolfstraße in Lünen dar. Hier wurde ein halbes Zechenwohnhaus entsprechend der Wohnsituation einer Bergmannsfamilie aus den 30er-Jahren hergerichtet und darf betreten werden.

Ein weiterer Aspekt der Route der Industriekultur ist die Stahl- und Eisenindustrie. Tatsächlich entstanden die ersten Eisenhütten lange vor dem industriellen Bergbau, erstmals im Jahre 1758. Ihre Gefräßigkeit nach Koks trieb die Entwicklung des professionellen Abteufens maßgeblich voran. Ihnen waren auch die rund 30 Kokereien im Land geschuldet, deren Erzeugnisse in den Hochöfen zur Roheisengewinnung gebraucht wurden. Zu den bedeutendsten Unternehmen gehörten die Hoesch AG und die Friedrich Krupp AG, welche beide 1991 (Hoesch) und 1999 (Krupp) in der ThyssenKrupp AG – mehr oder weniger freiwillig – aufgegangen sind.

Die Wurzeln des Stahl- und Eisenkonzerns Hoesch liegen in der Eifel. Das Familienunternehmen unterhielt Betriebe bei Monschau und

Düren, doch eine zunehmende Rohstoffknappheit veranlasste Leopold Hoesch, seinen Betrieb 1871 ins Ruhrgebiet nach Dortmund zu verlegen. Das Firmenwachstum, wie es heute in den Geschichtsbüchern steht, war allerdings ein steiniger Weg. Hoesch schlitterte direkt in eine Absatzkrise, die Stahlproduktion nach dem englischen Bessemerverfahren lief mit dem deutschen Roheisen mehr schlecht als recht. Zwar zeichnete sich die kommende Hoesch-Gemeinschaft bereits durch Besiedelung der Arbeiterschaft entlang des Borsigplatzes ab. Doch erst das Fremdkapital nach Umwandlung in eine Aktiengesellschaft brachte den erhofften Erfolg: In den 60er-Jahren war jeder fünfte arbeitende Dortmunder Hoeschianer, Dortmund wuchs zur Hoesch-Stadt heran. Für das soziale Engagement für seine Arbeiter und die Jugend ging Leopold Hoesch in die Annalen ein. Die Dynastie endete, als der Konzern 1991 ausgerechnet vom Essener Konkurrenten Krupp aufgekauft wurde.

Der Eisen- und Stahlkonzern Krupp wiederum war ein Imperium, gewachsen an den Nachfragen aus der Eisenbahn- und Waffenindustrie. Über hundert Jahre lang beherrschte es das Leben und Arbeiten der Essener Bevölkerung. Zeitweise war das Kruppwerk größer als das gesamte Stadtgebiet. Ende der 50er hatte der Konzern über 100.000 Mitarbeiter zu verzeichnen, unter ihnen jeder zweite Essener. Unterdessen verstand sich der ›Kanonenkönig‹ Alfred Krupp darin, die Mitarbeiter mit einer Sozialpolitik aus Fürsorge und Kontrolle an sein Unternehmen zu binden: Höhere Löhne – aber gleichzeitig disziplinarische Maßnahmen, Kranken- und Rentenversicherung – aber kein Mieterschutz: So waren Werkswohnungen am Tag der Kündigung zu räumen; wer mit Gewerkschaften sympathisierte oder sozialdemokratische Zeitungen las, wurde gekündigt. Krupps Wunsch, die Siedlungen mithilfe einer geheimen Polizei auszuspionieren, ging nicht mehr in Erfüllung.

1997 ging der Krupp-Konzern in die Thyssen-Gruppe auf. Die ThyssenKrupp AG hat in Essen keine Produktionsstätten mehr, ein Großteil des alten Kruppgeländes hat Verwendung bei anderen Gewerben gefunden. Doch die Industriegeschichte ist in Essen nach wie vor spür- und erlebbar: Die Villa Hügel, einst Familiensitz, ist eine architektonische Schönheit auf einer Anhöhe über dem Baldeneysee (Seite 149) und dient heute der Ausstellung bedeutender Kunstexponate. 2010 verlegte die ThyssenKrupp AG ihren Unternehmenssitz von Düsseldorf zurück nach Essen. Das mondäne Glasgebäude Q1 im Krupp-Gürtel gehört heute zu den markanteren Landmarken der städtischen Skyline.

ZOOM ERLEBNISWELT /// BLECKSTRASSE 64 ///
45889 GELSENKIRCHEN /// 0 20 09 / 9 54 50 ///
WWW.ZOOM-ERLEBNISWELT.DE ///

WO ALASKA ASIEN KÜSST. UND AFRIKA.

Gelsenkirchen – Zoom Erlebniswelt 24

An bibbernden Märztagen wirkt die Erlebniswelt Alaska besonders gut. Das grobe Leder des Zeltes flattert vor dem klaren Himmel und die Kodiakbären gehen auf die Pirsch. Die Giraffen und Löwen hingegen zeigen sich im knackigen Sommer in ihrem Viertel Afrika von ihrer besten Seite und man freut sich, im Bötchen dem Wasser etwas näher zu kommen. Dem fetten Nilpferd ist das alles egal, denn es wohnt klimatisiert.

Im Fernsehen war der Zoo auch schon. In einer Dokumentationsserie ließen sich die Tierpfleger bei Erledigung ihrer Jobs filmen. Dass gerade der Zoo in Gelsenkirchen so eine massive Anziehungskraft hat, liegt nicht ausschließlich an seiner Fülle von Arten, sondern vor allem an dessen Bemühungen, die künstlichen Lebensräume der Tiere so naturnah wie möglich zu gestalten. Davon haben nicht nur die Tiere etwas. Bei der Betrachtung der wild galoppierenden Zebraherde, der auf einem Haufen fläzenden Löwendamen oder den suhlenden Flusspferden geht auch den Besuchern mächtig das Herz auf.

Doch auch außerhalb der Gehege nähern sich die Besucher der heimischen Lebensräume an, denn Fußwege und Pfade wechseln je nach Flora und Fauna des Erlebnisviertels: In Alaska beherrschen Stein und Schotter die Gegend, während in Afrika und Asien Schuhe auf mehliger Erde keinen Laut mehr geben. Werden die Füße lahm, kann man Rast bei Gaststätten mit kontinental orientierter Kost einlegen – Fast Food in Alaska, asiatische Kost im Gastronomiebetrieb mit Pagode. Jedem Gourmet sein Tellerchen.

Die abwechslungsreich gestalteten Rundwege verschaffen selbst schnell gelangweilten Kindern kaum eine Atempause. Entweder lauert um die Ecke die Röhrenrutsche, die Höhle mit Gespensteranimation oder die Eisscholle zum Mittreiben. Als kleine Mutprobe gilt die Hängebrücke mit schwankenden Balken, je nachdem wie viel Höhe man vertragen kann. Schade, dass man im Zoo nicht übernachten kann. Aber was nicht ist, kann ja noch kommen.

Boller- und Kinderwagen sind für körperlich aktive Kinder nur bedingt geeignet. Seien Sie gegebenenfalls dann auf jeden Fall zu zweit, damit der andere das Gefährt über die barrierefreie Strecke nachschieben kann.

PRACHTLAMAS /// BRAUKÄMPERSTRASSE 80 ///
45899 GELSENKIRCHEN /// 0 28 64 / 88 46 81 ///
WWW.PRACHTLAMAS.DE ///

TREKKING FÜR ABGEDREHTE

Gelsenkirchen – Prachtlamas

25

Lamas sind keine Pracht. Im direkten Vergleich mit den Knuts und Furys dieser Welt würden sie in punkto Niedlichkeit ganz klar den Kürzeren ziehen. Hinzu kommt, dass sie mit einigen Vorurteilen zu kämpfen haben. Selbstredend also, dass Sportwissenschaftlerin und Bewegungstherapeutin Beate Pracht häufig mit Standardantworten jongliert: »Lamas spucken keine Menschen, sondern nur Lamas an.« Ausnahmen gibt es, nämlich die ganz traurigen.

Die Prachtlamas sind eine Herde mit fünf Wallachen von weiß bis schwarz. Sie hören nicht auf Zuruf und dürfen nicht geritten werden. Und überhaupt hat man sie viel kleiner in Erinnerung – tatsächlich können sie eine Kopfhöhe von 2,20 Metern erreichen. Dass Lamas allerdings verlässliche, friedfertige und liebenswürdige Partner sein können, das stellt Beate Pracht jeden Tag unter Beweis. »Lamas sind positiv-neugierig wie Delfine, aber auch Distanztiere, die immer einen natürlichen Abstand wahren.« Dadurch funktionieren tiergestützte Therapien für Behinderte mit den Kamelnasen besonders gut. Doch Beate Pracht hat auch anderes Programm in petto: Für Kinder ab fünf werden Pflege- und Schatzsucherprogramme angeboten. Erwachsene gehen mit den Tieren auf Lamawanderungen zum Rungenberg, einer renaturierten Halde mit Lichtinstallation, die sich wie ein Gebirge hinter der Farm am Horizont wölbt. Das Mensch-Tier-Programm funktioniert sogar in der Arbeitswelt: Für Firmen werden Anti-Stress-Seminare sowie Praxistrainings für Teamführung angeboten.

Angesiedelt ist die Lamafarm auf dem Hof Holz, ein diakonisches Integrationsprojekt für Schwerbehinderte. Ziegen wie Hühner, Sittiche wie Ponys wirken therapeutisch auf behinderte und nicht behinderte Gäste, deren Welten nicht aufeinanderprallen, sondern einander berühren sollen. Einen Steinwurf vom Spielplatz entfernt grast Caruso auf einer der beiden Lama-Weiden. Auch er ist Therapeut, wenn auch auf unkonventionelle Weise.

Beobachten Sie die Termine auf der Website und informieren Sie sich: Einige Gesundheits-Projekte werden finanziell von der Kasse unterstützt.

RESTAURANT UNVERWECHSELBAR /// ÜCKENDORFER STRASSE 243 ///
45886 GELSENKIRCHEN /// 02 09 / 1 77 73 16 ///
WWW.RESTAURANT-UNVERWECHSELBAR.DE ///

LUXUSFUTTER FÜR ÜCKENDORF

Gelsenkirchen – UnverwechselBAR

26

Keine 160 Jahre ist es her, als die russische Hafenstadt Sewastopol im Krimkrieg von den Franzosen eingenommen wurde. Ihr Befestigungswerk Fort Malakow war hart umkämpft und seine Widerspenstigkeit hallte noch lange nach. So lange, dass man sich in den frühen 30ern in Deutschland dafür aussprach, die massiven Schachttürme des Bergbaus kurzerhand in Malakow-Türme umzubenennen. Der Doppelpack aus Backstein in Gelsenkirchen-Ückendorf ist der letzte seiner Art in Europa.

Ganze vier Jahre hat der Bau der Doppel-Malakowtürme an der Ückendorfer Straße gedauert. Heute dienen sie als Wohn- und Bürofläche und schneiden sich archaisch in das ansonsten äußerst überholungsbedürftige Bild der Gegend. Einen ähnlichen Eindruck dürfte wohl das Restaurant UnverwechselBAR bei Vorbeifahrenden hinterlassen: Zwischen alten, renovierungsbedürftigen Häusern sowie am Fuße einer lieblos geflickten, vielbefahrenen Straße scheint die hochmoderne, rot akzentuierte Glasfassade des Restaurantcafés vor den Türmen beinahe fehl am Platz. Doch genau dieser Effekt lockt die Leute an. »Viele sagen, sie seien schon so oft vorbeigefahren und haben sich gedacht: Da muss ich mal hin. Und das tun sie dann auch.«

Im Juli 2010 zog das Restaurant UnverwechselBAR in die Ückendorfer Straße ein. Das High-Society-Konzept des vorherigen Betreibers wurde von den Anwohnern nicht angenommen. »Wir wollen nicht die oberen Zehntausend erreichen. Wir sprechen alle an.« Was wiederum nicht heißt, dass am Edel-Ambiente gespart wird. Ganz im Gegenteil. Die Staffage ist heimelig und adrett, ausgefallen und kostbar. Genauso wie die vorwiegend mediterrane Küche, welche in einem der beiden liebevoll gestalteten Geschosse oder an der Luft auf der Holzterrasse genossen werden kann. Auf letzterer hat man einen herrlichen Ausblick auf die Überreste des Zechengeländes und die beiden Türme. Glaswände und Bergbau-Skulpturen schützen vor dem Straßenlärm und lenken vom Verkehr ab. Doch diesen vergisst man sowieso, hat man sich in der UnverwechselBAR erst einmal niedergelassen.

Schließen Sie den Abend mit einem Besuch in der Weinlounge im hinteren Bereich des Hauses ab.

TOURISMUSBÜRO HERTEN /// WERNER-HEISENBERG-STRASSE 14 ///
45699 HERTEN /// 0 23 66 / 18 11 60 ///
WWW.TOURISMUSBUERO-HERTEN.DE ///

DIE ZEIT ZURÜCKDREHEN IM ›WESTFÄLISCHEN ROTHENBURG‹

Herten – Altes Dorf Westerholt

27

Als ein Dorf im Dorf kann zweifelsohne das Alte Dorf in Westerholt bezeichnet werden. Der im Westen gelegene Stadtteil von Herten umfasst etwa 11.000 Einwohner. Mehrgeschossige Betonschachteln umsäumen die Straßen durch den Ortskern. Ihre Fassaden wechseln vom gasbetonweiß ins rattengraue, Imbiss-Stuben lösen Kleinstbetriebe ab. Vom Parkplatz am Dorfrand aus kann man bereits ein wenig Fachwerk durch die Baumkrone blitzen sehen. Aber das ist nur der Anfang.

Ein paar Schritte genügen, um die Gegenwart hinter sich zu lassen und in ein anderes Zeitalter einzutauchen. Damit schafft das Dorf das, was anderen Fachwerkparzellen moderner Innenstädte abhanden gekommen ist. Hier befinden sich komplette Häuserreihen im Urzustand, schiefe Dächer und hervorwölbende Wände inklusive; und es kommt einem zwangsläufig der Gedanke, welche Herausforderung es für die gut 400 Dorfbewohner sein muss, hier zu leben – mit allen Konsequenzen. Dazu gehören nicht nur die baulichen Einschränkungen. Denn das Alte Dorf ist eine Touristenattraktion. Ebenso wie das Gut Westerholt, das sich in Form eines besser situierten Baukomplexes aus Richtung des Dorfkerns darstellt. Auf der anderen Seite des Gebäudes würde man die Konturen eines ehemaligen Schlosses erkennen. Es ist begehrter Anlaufpunkt für die Golfer des Golfclubs Westerholt e. V., dessen 18-Loch-Spielwiese sich rund um das Schloss erstreckt. Durch die Gassen fahrende Caddies gehören also ebenso zum Ortsbild wie sehr gut angezogene Leute.

Das Alte Dorf Westerholt blickt auf eine mehr als tausendjährige Geschichte zurück. Im Jahre 799 wurde der erste Bauernhof erwähnt, fast 700 Jahre später wird das Dorf zur ›Freiheit‹ geadelt und ihm Marktrechte erteilt. In den 60er-Jahren gingen vor allem die Alteingesessenen auf die Straßen, als man das Fachwerk durch moderne, mittlerweile als Bausünden verpönte Betonklötze ersetzen wollte. Und sie waren lauter als beispielsweise in Bochum und Herten-Stadtmitte, denen nach der Sanierungswut so gut wie gar keine ackerbürgerstädtische Geschichte geblieben ist.

Wenn Sie im Frühjahr in Herten sind, dann besuchen Sie doch das Spargeldorf Scherlebeck im Norden der Stadt (www.spargeldorf-scherlebeck.de).

STADT RECKLINGHAUSEN /// RATHAUSPLATZ 3 – 4 ///
45657 RECKLINGHAUSEN /// 0 23 61 / 5 00 ///
WWW.RECKLINGHAUSEN.DE ///

STADT DER RUHRFESTSPIELE

Recklinghausen

28

Als Vest (ausgesprochen ›fest‹) bezeichnet man einen mittelalterlichen Gerichtsbezirk. Zwar endete die Ära des Vestes Recklinghausen mit Bildung des Kreises in 1816 – trotzdem mag die mittelalterliche Tradition dort einfach nicht sterben: Geld holt man bei der Sparkasse Vest, das Radio Vest empfängt man über Antenne auf 94.6 MHz. Eine Vestische Zeitschrift erscheint seit 1891. Doch diese Begeisterung hat auch ihre Grenzen.

Nach einer Umfrage der Recklinghäuser Zeitung waren 80 Prozent der Teilnehmer dagegen, den Kreis Recklinghausen in ›Kreis Vest Recklinghausen‹ umzubenennen. Auf ebenso wenig Gegenliebe stieß der Vorschlag in Castrop-Rauxel und Gladbeck, die historisch nie dem Vest angehört haben, sondern wesentlich später dem Kreis Recklinghausen zugeführt wurden. Und dennoch: Das Vest Recklinghausen ist deutlich präsent. Bowlingclubs, Akkordeon- wie Motorrollervereinigung identifizieren sich mit dem Vest, es gibt vestische Straßenbahnen und Gymnasien. Der Traditionsbegriff ist im Stadtbild nicht mehr wegzudenken. Obschon es nicht das ›Vest‹ ist, was die Menschen alljährlich zu Tausende in die Stadt lockt – sondern das ›Fest‹.

Seit mehr als 60 Jahren richtet die Stadt Recklinghausen die Ruhrfestspiele aus. Angefangen hat es mit ein paar Lkw-Ladungen Kohle für das Hamburger Theater, dem es nach 1945 an Kohle mangelte und demzufolge das Aus drohte. Mit Unterstützung von Recklinghäuser Bergarbeitern schmuggelte eine Handvoll Hamburger Theaterdarsteller einige Ladungen Kohle an den Besatzern vorbei zurück nach Hamburg – so lange, bis die Militärpolizei den Braten roch. Im Sommer 1947 bedankten sich die Hamburger Staatsbühnen daraufhin mit ein paar Gastspielen – und hauchten den Ruhrfestspielen Recklinghausen das heutige tobende Leben ein.

Doch auch neben der Festspielsaison ist die Fußgängerzone von Recklinghausen eine gern gesehene Gastgeberin. Hier und da glänzt sie mit Architekturperlen wie dem Rathaus und Häuserkolonnen im Jugendstil. Und der Kern ist mit seiner lebendigen Gastroszene, die dank der Ruhrfestspiele nicht selten prominente Gäste vorzuweisen hat, sowieso eine gern besuchte Zone.

☞ Besuchen Sie im Oktober die Illuminationsveranstaltung RE-leuchtet, wenn die Häuserreihen der Altstadt in Szene gesetzt werden.

DORTMUND TOURISMUS E. V. /// KÖNIGSWALL 18 A ///
44137 DORTMUND /// 02 31 / 18 99 90 ///
WWW.DORTMUND-TOURISMUS.DE ///

EINE TIERPARADE FÜR DIE BIERSTADT

Dortmund

29

Im Urlaub hat alles angefangen: Bemalte Kühe grasten auf einer Weide. Helga und Manfred Schepp hat diese Erinnerung nicht losgelassen. Zuhause in Dortmund rumorten die Ideen – und wurden in der Fußgängerzone ausgewildert: geflügelte Nashörner, 2,6 Meter lang, bunt, freundlich lächelnd. Als Vorlage dienten das Wappentier des Konzerthauses – und sicherlich auch der ›elephantöse‹ Erfolg in Hamm. Als Kunstaktion gingen die Skulpturen befristet ins Rennen. Doch die Nashörner sind immer noch da.

Es gab sogar Proteste vonseiten der Dortmunder Bevölkerung, als die Initiatoren begannen, die ersten Skulpturen abzuräumen. Selbst die Gründung einer Stiftung wurde in Erwägung gezogen. So ließen die meisten Sponsoren ihre Plastiken, die sie im Zuge der Aktion für rund 2.000 Euro gekauft und von regionalen Künstlern haben gestalten lassen, kurzerhand stehen. Von den etwa 120 Figuren ist knapp die Hälfte geblieben. Die meisten sind in der Innenstadt zu bewundern, andere wurden ins Standrandgebiet abtransportiert, um dort Vorplätze von Kanzleien, Schwimmbädern und anderen Anstalten zu schmücken.

Dabei ist Dortmund wahrlich nicht arm an Wahrzeichen. Die größte Stadt im Ruhrgebiet ist mit vielen Landmarken verziert. Und es entstehen stetig neue. Erst 2010 begann das große, rotierende U der alten Union-Brauerei im neuen Licht zu erstrahlen. Das Areal mit der kronkorkenförmigen Westfalenhalle und dem im angrenzenden Park befindlichen Florianturm gehört zu Dortmunds populärsten Aushängeschildern. Nichtsdestotrotz zerstückeln zahlreiche Industrieruinen die guten Absichten. Manche schön, wie das Industriekulturobjekt Zeche Zollern, andere wiederum brach und abgeriegelt. Die Fußgängerzone hingegen erfreut sich größter Beliebtheit: An Wochenenden schieben sich die Menschen über den Osten- und Westenhellweg, der womöglich geradlinigsten Einkaufszone im Ruhrgebiet. Lediglich die Brückstraße stellt sich schräg, was allerdings gut zu der dort angebotenen, teilweise abgedrehten Mode passt.

☞ Halten Sie Ausschau nach den kleinen Skulpturen in den Dortmunder Kaufhäusern und nehmen Sie sich ein Dortmund-Rhino mit nach Hause.

MUSEUM OSTWALL IM DORTMUNDER U ///
LEONIE-REYGERS-TERRASSE /// 44137 DORTMUND ///
02 31 / 5 02 32 47 /// WWW.MUSEUMOSTWALL.DORTMUND.DE ///

DAS U LEUCHTET WIEDER

Dortmund – Dortmunder U

30

Geschichte gärt aus Missgeschicken. So auch bei der Dortmunder Union-Brauerei, die 1887 einen Fehlsud an einen Aachener Kunden schickte – und auf historische Gegenliebe stieß. Das helle, malzig-würzige Gebräu, heute als Dortmunder Export bekannt, fand reißenden Absatz. 1929 knackte die DAB die Traumgrenze von einer Million Hektoliter, 45 Jahre später verdoppelte sie diese. Seit 2010 ist das Gebäude der Öffentlichkeit zugänglich. Doch etwas ist anders.

Es riecht nach Farbe, die Böden sind besenrein gekehrt. Das Foyer bleckt weiß, beinahe steril. Vorneweg durchschneidet eine schier endlose Rolltreppe den kontrastlosen Raum. Projektionen von Menschen in weißen Würfeln werden an die Wand geworfen: schwitzend, strickend, mit Kinder schmusend. Dazu Psychojazz. Die Flure in den Geschossen wiederum sind gähnend leer: Anthrazitfarbene, unzugängliche Brandschutztüren reihen sich aneinander und nur Anhäufungen von Sicherheitskräften deuten an, wo sich die Ausstellungen befinden könnten. Der Rest ist Hoheitsgebiet der Technischen Universität. Oder einfach noch nicht fertig.

Hier gibt es kein Bier zu sehen. 1994 verlegte die Dortmunder Union-Brauerei ihren Brauereibetrieb an den Stadtrand, fusionierte mit der Ritter Brauerei und mündete letzten Endes in der DAB, der Dortmunder Actien-Brauerei. Von dem Gebäude im Zentrum, welches 1927 als erstes Hochhaus in Dortmund errichtet wurde, blieb nur noch das Dortmunder U übrig, ein Wahrzeichen, welches von Bevölkerung wie von Politikern vehement verteidigt wurde. 2010 wurde der Bau entkernt und grundsaniert, das Museum Ostwall zog ein, der Technischen Uni wurden Arbeitsräume und -flächen zugesprochen.

Dass hier nun Welten aufeinanderprallen, ist den Besuchern beileibe anzusehen, gibt es hier doch skurrile, moderne, durchgeknallte Kunst zu sehen. Man muss diese Welt erlebt haben, um alle Facetten von Dortmund zu kennen – und in der siebten Etage bei einem Kaffee sacken zu lassen.

Schließen Sie Ihre Sachen ein, doch lassen Sie den Personalausweis bei sich, um das Audiobegleitgerät ausleihen zu dürfen.

APOTHEKENMUSEUM IN DER ADLER APOTHEKE /// MARKT 4 ///
44137 DORTMUND /// 02 31 / 7 22 36 06 ///
WWW.APOTHEKEN-MUSEUM.DE ///

ALS BLEIVERGIFTUNG ZUM GUTEN TON GEHÖRTE

Dortmund – Apothekenmuseum

31

Museen sind gut für Gewohnheitsblinde. Sie erinnern daran, dass wir in einer verdammt bequemen Epoche leben. Heute lässt man sich die Aspirin bis vor die Tür bringen. Vor ein paar hundert Jahren musste man Kilometer bis zur nächsten Apotheke zurücklegen. Vor Ort durfte man erstmal warten: Die Arznei musste noch mit dem Mörser zerstoßen, gesiebt, destilliert, zu Pillen, Pulver oder Tinkturen verarbeitet werden, je nachdem. Und das dauert.

Die Zeit schlug man auf der Sitzbank tot, plauschte mit Wartenden, trank einen Kaffee, Tee oder Schnäpsken, sehr zum Unwohl des Schankwirtes, der, anders als die Apotheke, zur Polizeistunde seine Läden schließen musste.

Heute haben Apotheken reguläre Öffnungszeiten und teilen sich den Notdienst auf. Schnäpsken gibt es längst nicht mehr, ebenso wenig die Drogenkammer. »In meiner Ausbildung musste ich noch auf die Wiesen und 80 verschiedene Kräuter suchen. Ein Prüfungsstück«, sagt Monika Fritzsch, Pharmazieingenieurin in Rente sowie Museumsführerin der Adler Apotheke.

Ein Flachbildschirm flackert über den High-Tech Kassen. Ein paar Meter hinein allerdings zeugen ein paar alte Fotos und Zeitungsausschnitte, dass sich Herrn Ausbüttels Apotheke der Pharmaziegeschichte verschrieben hat. Und tatsächlich braucht es nur einige Schritte in das Kellergewölbe hinunter, um in jene Zeit zurückversetzt zu werden, in welcher Phosphorlebertran und Cannabis Alltagsgeschäft waren. Das Museum ist klein, seine Ausgestaltung liebevoll bis ins kleinste Detail durchdacht. Zwischen den antiken Mörsern, aufwändig gestalteten Gefäßen und folterartigen Medikationsgeräten sticht immer wieder das alte Mobiliar ins Auge. Es ist wohl die größte Privatsammlung im Revier. Die Apotheke selbst steht seit mindestens 500 Jahren in Dortmund, urkundlich erwähnt wurde sie erstmals 1322. Ein ausgestopftes Krokodil hängt über der alten Registrierkasse. »Das gehörte damals zum guten Ton«, sagt Monika Fritzsch und bittet zum Gästebuch.

Eine Führung von 8–12 Personen findet zweimal wöchentlich statt. Aus Platzgründen ist eine telefonische Absprache nötig.

WESTFALENPARK /// AN DER BUSCHMÜHLE 3 ///
44139 DORTMUND /// 02 31 / 5 02 61 00 ///
WWW.WESTFALENPARK.DE ///

EINE BLUMENOASE MITTEN IN DER GROSSSTADT

Dortmund – Westfalenpark

32

1854 blies der Hörder Bergwerks- und Hüttenverein auf dem Betriebsteil Phoenix West den ersten von vier Hochöfen an. Wenn man die Zeiten von Abstich zu Abstich maß, galt der Standort bis zu seiner Stilllegung 1998 als schnellstes Eisenwerk Europas. Heute verfallen die Hochöfen, ihre Zukunft ist ungewiss. Doch wagt man vom Westfalenpark aus einen Blick auf sie, müssen sie sich den Horizont mit Baumkronen, Wiesen und Blütenstauden teilen. Ein eindrucksvoller Anblick, der zeigt, wie eng nebeneinander Industriekulturraum und Naturraum im Revier liegen.

Man mag kaum auf den asphaltierten Wegen bleiben; zu verlockend sind die zahlreichen Gassen und Abkürzungen querfeldein, an deren Wegesrändern man einen besseren Blick auf die individuell gestalteten Gärten erhaschen kann. Dank einer Spannweite von 70 Hektar bietet der Westfalenpark seinen Besuchern, ganz gleich, ob sie schon zum fünften oder fünfzigsten Mal gekommen sind, immer wieder neue Aussichten.

Im Frühling genießt man den Spaziergang entlang des 220 Meter hohen Florianturmes, um die akribisch angelegten, schrill blühenden Blumenmeere zu betrachten. Der Sommer steht im Zeichen des Abenteuerspielplatzes im Süden, einer Spiellandschaft auf feinem Sand und am Rand des mit Holzbottichen befahrbaren Stocherkahnteiches. Im Herbst bläst ein satter Wind über die weiten Wiesenflächen, in dem man Drachen steigen lassen und die reifen Früchte der Kastanien entlang des Weges zum Backhaus abrütteln kann. Des Weiteren ist der alljährliche Herbstmarkt eine begehrte und sehenswerte Veranstaltung. Im Winter findet bei Glühwein, Punsch, Würstchen und Waffeln das traditionelle Winterleuchten statt, ein eindrucksvolles Ereignis.

Der Westfalenpark wurde 1959 als Ausgestaltungsprojekt der Bundesgartenschau eröffnet. Ihr sollten zwei weitere folgen (1969, 1991). Dabei hat es dort einen Erholungsbereich schon vor der Jahrhundertwende gegeben: 1894 zu Ehren des Kaisers Wilhelm I. gegründet, gilt der einstige Kaiser-Wilhelm-Hain heute als Herzstück des Parks und ist vor allem im Sommer, wenn seine Rosen in voller Blüte stehen, einen Besuch wert.

Steigen Sie am Florianturm in die Kleinbahn und verschaffen Sie sich einen Überblick über den Park, während Ihnen der Wind um die Nase bläst.

DORTMUND TOURISMUS E. V. /// KÖNIGSWALL 18 A ///
44137 DORTMUND /// 02 31 / 18 99 90 ///
WWW.DORTMUND-TOURISMUS.DE ///

BURGRUINEN IM LUXUSVIERTEL

Dortmund-Syburg

33

Neun Jahre nach der Grundsteinlegung wurde das Kaiser-Wilhelm-Denkmal 1902 auf dem Syberg eingeweiht. Das Reiterstandbild des ersten Wilhelm blickt etwa 245 Meter tief auf das Ruhrtal und Hagen hernieder, einst ragten pompöse Zinnen und eine kronenförmige Turmspitze über ihm empor. Wie eine Mini-Burg. Doch unter dem Vorwand von Baufälligkeit nahmen die Nationalsozialisten in den 30ern einen grundlegenden Umbau vor.

Sämtliche neugotische Verzierungen wurden abgebaut, die Denkmäler des Kronprinzen Friedrich Wilhelm und des Prinzen Friedrich Karl verschwanden. Ein klassizistischer, von den Nationalsozialisten bevorzugter Baustil musste herhalten. Dennoch hat das Monument wenig von seinem Glanz und seiner Würde verloren. Der Ausblick auf die Höhen des Sauerlandes ist atemberaubend und zieht bei guten wie bei winterlichen Temperaturen, sprich zu Silvester, die Menschen an.

Einen gut geschwungenen Steinwurf entfernt thront die alte Hohensyburg an einem weiteren Abhang des Ardeygebirges. Ihre Ruinen lassen nur noch einen Grundriss erahnen und dienen heute für Kletter- und Versteckspiele. Das inmitten der Burg eingelassene Kriegerdenkmal wirkt beinahe genauso alt, wurde aber erst vor 80 Jahren ins Felsenpanorama eingefügt. Gedenktafeln verstorbener Syburger dreier Kriege umsäumen die gemeißelte Soldatenfigur. Der Vincketurm nebenan wird augenblicklich als kostenpflichtige Attraktion angeboten, die Imbissbude mit dem Rondell voller Ansichtskarten wirkt unter ihm wie ein kleiner Wanderzirkus in einer Waldlandschaft.

Einen besonderen Archaismus strahlt wiederum die Kirche St. Peter zu Syburg mit seinem Friedhof aus. Die ältesten Grabsteine datieren bis ins 9. Jahrhundert zurück, einige Inschriften sind nach wie vor lesbar. Er gilt als ältester Totenhof im Ruhrgebiet. Sie sollten sich die Zeit nehmen, einige Schritte darüber zu wagen und einen Blick über die Landschaft streifen zu lassen. Spätestens dann versteht es sich von selbst, warum es so verdammt teuer ist, in Dortmund-Syburg zu wohnen.

Fahren Sie ein paar Serpentinenstraßen hinunter und besuchen Sie den Hengsteysee, ein Anziehungspunkt für Segler und Motorradfahrer.

CASINO HOHENSYBURG /// HOHENSYBURGSTRASSE 200 ///
44265 DORTMUND /// 02 31 / 7 74 00 ///
WWW.WESTSPIEL.DE/HOHENSYBURG ///

»NICHTS GEHT MEHR!«

Dortmund – Spielbank Hohensyburg

34

Der Teppich schluckt jeden Ton, die Düfte der Damen und Herren, Moschus und Floralia, vermischen sich auf Kinnhöhe. Paillettenbesetzte Kleider, Krawatten so weit das Auge reicht. Der Klang klimpernder Hartplastik-Jetons dringt in die Ohren, manchmal auch das filigrane Geklimper eines Flügels. Die Gesellschaft an den Spieltischen scheint daheim mit Büchern auf den Köpfen geübt zu haben. Denn auch wenn es so aussieht: Hier gastiert nicht Dortmunds bessere Gesellschaft, sondern westfälischer Durchschnitt.

Das Gebäude ist mit verspiegelten Fenstern gespickt, die Beleuchtung an und vor der Sandstein-Fassade gut platziert. Stahl und bronzefarbenes Aluminium zeichnen harte Konturen. Wasser plätschert gediegen den Treppenbrunnen herab. Für jeden, der kommt, steht außer Frage: Hier wird viel Geld bewegt.

Hinter Flügeltüren warten ein weiteres Paar Flügeltüren sowie eine Glastür, geöffnet von einem Portier. Neuzugänge unterziehen sich einer technischen Personalienprüfung – kein gutes Zeichen, wenn das Lächeln des Personals erstirbt.

Jenseits des Foyers erschließt sich dem Gast eine fremd duftende Welt. Es riecht nach Filz auf Tischen in Pariser Blau, nach frisch gebügelten Hemden oder nach nagelneuen Jacketts, kurzfristig erworben im Casino-Shop. Obendrauf schmiegt sich der Duft von Parfum jedweden Geschmacks. Geschüttelt, nicht gerührt, ist dies der Duft des Geldes.

Die Spannung an den Roulette-Tischen ist zum Schneiden dick, wenn der Croupier mit leichtem Schwung die Cuvette in Rotation versetzt: »Rien ne va plus.« Monitore über den Tischen machen den bisherigen Spielverlauf für Statistikliebhaber bildlich. An den Kartentischen wird sich vorwiegend konzentriert und geschwiegen.

Ferner bietet die ›Burg‹ noch andere Spielarten: Amerikanisches Roulette, Baccara und Black Jack, Poker sowie Automatenspiele. Letzteres darf auch ohne Anzug gespielt werden. Ansonsten gilt Jackettpflicht. Und sofern der Gast ebensolches nicht zur Hand hat, hilft das Casino gerne mit einer Leihgarderobe aus.

Einmal wöchentlich veranstaltet das Casino eine Big Bingo Runde, mit Moderation, Überraschungsprogramm, Kaffee und Kuchen.

PHOENIX SEE ENTWICKLUNGSGESELLSCHAFT ///
BÜRGER- UND VERMARKTUNGSBÜRO /// HERMANNSTRASSE 67 ///
44263 DORTMUND /// 02 31 / 22 22 77 20 ///
WWW.PHOENIXSEEDORTMUND.DE ///

DIE EMSCHER HAT WIEDER GEÖFFNET

Dortmund – Phoenix-See

8/11

Mit einer Größe von 24 Hektar gilt er als eines der größten Stadtentwicklungsprojekte in Europa: Im Mai 2011, nach nur fünfeinhalbjähriger Bauzeit, wurde der Phoenix-See der Öffentlichkeit zugänglich gemacht. Allein für die Brachlandschaft schob die Stadt Dortmund einst 15 Millionen Euro über den Tisch. Die Kosten der Renaturierung und Gestaltung überstieg das Zehnfache. Ein Mammutprojekt. Und eine Ersatzaue für die mittlerweile ›ausgegrabene‹ Emscher.

Seit mehr als hundert Jahren versteht sich die Emschergenossenschaft als Manager der Emscher – ein nicht zu unterschätzender Job, liest man das Aufgabenportfolio zur Renaturierung der Emscher herunter. Der für Industrieabwasser missbrauchte und als Kloake vom Ruhrgebiet bekannte Fluss soll nämlich wieder hergerichtet werden. Für Dortmund-Hörde allein nahm dies historische Ausmaße an, als plötzlich, nach über 160-jähriger Verbannung, die Emscher wieder oberirdisch durch den Stadtteil floss. Den dort ebenfalls gefluteten Phoenix-See berührt sie allerdings nicht, der Wasserqualität des Sees zuliebe. Im Gegenzug wird dieser etwaiges, von der ›neuen‹ Emscher führendes Hochwasser auffangen und die (noch zu bauenden) Eigenheime schützen.

Der Standort Phoenix-Ost blickt auf eine 160-jährige Geschichte zurück. Das einstige Hochofen- und Stahlwerkgelände von ThyssenKrupp galt in den 1850er-Jahren als fortschrittlich, eine Werkbahntrasse schnitt sich durch den Stadtteil, um mit Roheisen im Gepäck zwischen Ost und West zu pendeln. 2001 war Schluss damit und Phoenix-Ost wurde, in seine Einzelteile zerlegt, größtenteils nach China verkauft. Das 99 Hektar große Gelände wird nun von Wasser, Botanik und Freizeitangeboten beherrscht. Eine Landschaftsinsel ragt aus dem Wasser, eine extra breite Treppe führt im Oval von der grundsanierten Hörder Burg, ein ehemaliges Wasserschloss aus dem 12. Jahrhundert, zum Hafenbecken hinunter. Junge Bäume schwingen im Wind. Noch gibt es mehr Visionen als Bauwerke. Die Stimmung am Ufer scheint nichtsdestotrotz unwahrscheinlich gut, vielleicht sogar erwartungsschwanger. Hörde ist im Umbruch.

Das Nordufer wird von Wohnbebauung geprägt sein, während im Süden urbanes Treiben sowie der Bootssport vorherrschen soll. Die schönsten Flaniermeilen wird es am Westufer geben.

STADTMARKETING UNNA /// PARKSTRASSE 44 /// 59425 UNNA ///
0 23 03 / 96 80 50 /// WWW.UNNA-MARKETING.DE ///

EINE KREISSTADT – ABER IRGENDWIE DOCH NICHT

Unna

35

Nicht alle Züge führen nach Unna. Tatsächlich wird der Bahnhof von Bochum aus nur von Privatbahnen angefahren. Immerhin bedienen noch zwei Zöglinge der Deutschen Bahn den eigentlich ganz anschaulichen Bahnhof. Die S-Bahn via Dortmund jedoch kann nur über die Haltestelle ›Stadthaus‹ in Anspruch genommen werden. Für eine Kreisstadt nichts Halbes und nichts Ganzes – nur in Moers ist es schlimmer. Aber mit dem Auto wird es ähnlich abenteuerlich: Unna ist eine Stadt der Einbahnstraßen. Die Fußgängerzone ist umsäumt mit ihnen; und sie bringen die Suche nach einem adäquaten Parkplatz auf einen völlig neuen Level. Auf dem Weg hinein, insbesondere wenn man aus Richtung Königsborn kommt, sollte man allerdings nicht jeden Blick für eine freie Lücke verschwenden, sondern ebensolchen auf die Gründerzeitvillen und freistehenden Prachtbauten richten, die der Stadt das wohlverdiente Luxus-Feeling verleihen. Etwas weiter im Zentrum, rund um den quadratischen Marktplatz, der bei gutem Wetter und besserem Marktangebot übrigens bis zum Bersten überlaufen ist, zeigt sich die mondäne Schönheit der Stadt allerdings von ihrer verschrobenen Seite: Jugendstil trifft auf Gasbeton, Gründerzeit wird von Steinschachteln mit Fenstern abgelöst. Dazwischen schimmert immer wieder High-Tech Architektur. Dennoch, die jahrhundertealte Baukunst herrscht vor. Insbesondere in den Gassen, die sich mal einen Berg hinauf oder hinunter schlängeln und wo die weißen Fassaden urtümlicher Fachwerkbauten im Sonnenlicht glänzen.

Unna ist eine individuelle, charmante und sich neu erfindende Stadt im Norden des Ruhrgebiets. Moderne und Urbanes finden hier ebenso Zustimmung wie Alteingesessenes, jung trifft auf alt, billig auf horrend. Ihre Geschichte ist weittragend und unbedingt nachlesewürdig, so unter anderem die Geschichte des Salinenwerks und des Kurortes (www.kurpark-unna.de), das Unna lange vor dem Bergbau zu einer bedeutenden Stadt gemacht hat. Die ›salzigen‹ Spuren sind rar, doch die Suche nach ihnen lohnt sich.

Wagen Sie eine Reise in Richtung Königsborn entlang der Friedrich-Ebert-Straße, wo es einige eindrucksvolle Villen zu betrachten gibt. Die Katharinenkirche in der City ist wahrlich ein Augenöffner.

BEMPOSTA E. V. /// KURPARK 10 /// 59425 UNNA ///
0 23 03 / 6 85 86 /// WWW.TRAVADOS.NET ///

ARTIST SEIN UND ARTIST WERDEN IN DER ZIRKUSSCHULE

Unna – Circus Travados

36

Die erste Dampfmaschine von Königsborn wurde nicht für Steinkohle in Betrieb genommen, sondern bereits 1799 als Salzpumpwerk. Die mit Salz angereicherte Luft entlang des Gradierwerkes macht Bad Königsborn zu einem Kurort – und seine Heilsamkeit kam den Leidtragenden der Hochindustrialisierung zugute. So wurden Wuppertaler Kinder in die Feriencolonie Barmen gekarrt, um Atemwegserkrankungen zu lindern. Im Überbleibsel der Blütezeit, dem Kurpark, hat sich der Circus Travados niedergelassen.

Der Name ›Travados‹ leitet sich von einem sich plötzlich erhebenden, nur durch ein weißes Wölkchen ankündigenden Orkan am Kap der Guten Hoffnung ab. »Das passt irgendwie«, sagt Hartmut Hoffmeister, Geschäftsleiter des Circus Travados, mit Hinblick darauf, dass er sich in seiner Branche mit ähnlicher stürmischer Einprägsamkeit immer wieder neu um seine Besucher bemühen muss. »Ein Wanderzirkus kann das gleiche Programm immer wieder an verschiedenen Orten spielen. Hier bei uns ist es genau umgekehrt.« Denn die Manege genießt eine große Stammkundschaft. »Erst kommen sie im Kindesalter, dann kehren sie selbst als Eltern oder Großeltern zurück.« Immerhin: Im Jahre 2008 feierte das Unternehmen sein 25-jähriges Bestehen im Kurpark. Und um die Artisten- und Dressurlandschaft in der Manege dauerhaft reizvoll und interessant zu gestalten, reisen Artisten und Musiker aus aller Herren Länder an, um zeitweise Teil des Travados zu werden. »Wir stehen in ständigem Kontakt mit Zirkussen in Montreal, Paris und so weiter.« Zehn Zimmer stehen im Festbau für Gastspieler zur Verfügung, rundherum bietet sich ausreichend Graslandschaft für die Tiere. Des Weiteren präsentieren die Absolventen der hauseigenen Zirkusschule in der Manege ihre Ergebnisse. Die besten gehen ins Ausland, um einen anerkannten Abschluss zu machen. Doch die Ponys, einige von ihnen mittlerweile in Rente, bleiben. »Ich habe nach Gnadenhöfen für die Hengste gesucht, aber nichts Passendes gefunden. Jetzt bleiben sie hier – und spitzen die Ohren, wenn die Zirkusmusik ertönt.«

Aktuelle Infos zu Veranstaltungen können auf der Website des Zirkus nachgelesen werden. Nutzen Sie den Besuch für einen Spaziergang durch den Kurpark.

ENTLANG DER RUHR

**DUISBURG MARKETING GMBH /// LANDFERMANNSTRASSE 6 ///
47051 DUISBURG /// 02 03 / 30 52 50 ///
WWW.DUISBURG-MARKETING.DE ///**

FÜR EINEN BESUCH, DER NÖTIG IST

Duisburg

37

Es ist nicht einfach, an Duisburg sang- und klanglos vorbeizufahren. Mit ihrer knappen halben Million an Einwohnern zwingt sie während der Rush-Hour den ›Spagettiknoten‹, das Autobahnkreuz A 3 / A 40, immer wieder in die Knie. Kein Intercity Express mit dem Ziel NRW fährt in Duisburg einfach so durch. Und wer eine Fahrt über die Rheinbrücke der A 42 wagt, dem dürfte auf Höhe Duisburg-Baerl kurzfristig der Atem stocken: Im Seitenfenster taucht die monumental wirkende Haus-Knipp-Eisenbahnbrücke auf, im Augenwinkel ist das fast 50 Meter hohe Windrad des Landschaftsparks Duisburg-Nord zu sehen, einem Paradebeispiel gelungener Renaturierung von abgewirtschafteten Industrieflächen. Und über allem herrscht der Anblick der stoßenden, qualmenden und treibenden Thyssen-Hochindustrie.

Im Herzen der Stadt bestimmt die großzügig angelegte Flaniermeile, die Königstraße, das Bild. Brunnenskulpturen verschiedener Künstler hübschen die Route auf, wobei hier der ›Lifesaver‹ von Niki de Saint Phalle und Jean Tinguely, einer schillernd bunten Teflonskulptur, besondere Erwähnung gebührt. Ebenso das Forum, ein überdachtes Einkaufszentrum, das mit seiner neueren Architektur ins Auge sticht, obschon es im Innenbereich nicht mit den Vielfältigkeiten in Essen oder Oberhausen mithalten kann. Ein besonderer Charme wohnt allerdings dem Theater am Rande der Meile inne, dessen Architektur etwas Archaisches anhaftet. Seine Philharmoniker gehören zu den traditionsreichsten des Landes. 2012 feierte es sein 100-jähriges Bestehen. Sie lassen den kläglichen Ruf der Stadt etwas mehr in den Hintergrund geraten.

Denn Duisburg ist zweifelsohne eine gebeutelte Stadt. 2007 machten Berichte über Mafiamorde die Runde, 2010 fanden 21 junge Menschen bei einer Massenpanik auf einer Tanzveranstaltung den Tod, was im Folgejahr zu einer Abwahl des Oberbürgermeisters führte – aufgrund einer überwältigenden Bürgerinitiative, die bis heute noch ihresgleichen sucht. In einer RVR-Statistik bezüglich des verfügbaren Pro-Kopf-Einkommens belegte Duisburg 2007 den traurigen vorletzten Platz. Einen Strukturwandel braucht die Stadt zwar nicht. Einen Imagewechsel aber schon.

☞ Machen Sie bei gutem Wetter einen Abstecher zum Landschaftspark Duisburg-Nord, am besten per Rad, und lassen Sie sich vom Angebot überraschen.

DUISBURG MARKETING GMBH /// LANDFERMANNSTRASSE 6 ///
47051 DUISBURG /// 02 03 / 30 52 50 ///
WWW.DUISBURG-MARKETING.DE ///

BROTKORB DES RUHRGEBIETS

Duisburg – Innenhafen

38

Um das Jahr 1200 herum war es dem Rhein unbequem. Er räkelte sich im Hochwasser, bettete sich gen Westen und schnitt Duisburg vom Haupthandelsverkehr ab – die Kaufmannsstadt mit Beziehungen von Straßburg bis London schrumpfte zu einer Ackerbürgerstadt zurück. Mit Gründung des Rhein-Canal-Actien-Vereins 1826 sollte ein Kanal der Stadt zu neuer Blüte verhelfen. Und tatsächlich siedelten Kohlen-, Tabak-, Holz- und Getreidehändler im Hafenbecken an. Doch auch dieses Glück währte nicht lang.

Der Schienenbau schritt voran, die Eisenbahnen waren auf dem Vormarsch und der Transportweg über den Rhein-Kanal, der mittlerweile zu einem Rhein-Ruhr-Kanal herangewachsen war, verlor an Bedeutung. Hafenbecken wurden zugeschüttet. Zudem begannen erste Industriezweige zu schwächeln: Die letzte Getreidemühle wurde 1972 stillgelegt, der ›Brotkorb des Ruhrgebiets‹ lag brach.

20 Jahre später sorgte die Internationale Bauausstellung Emscher Park (IBA), ein Renaturierungsprojekt auf einer Fläche von 300 Quadratkilometer, für einen grundlegenden Strukturwandel: Der überlebende Innenhafen wurde aufgeräumt, Silos abgerissen, Raum für Freizeit und Kultur geschaffen. Für letzteres wurden die alten Mühlen herausgeputzt und umfunktioniert: Als Museum für Moderne Kunst schafft sie mit einer Fläche von derzeit 2.500 Quadratmetern Raum für Kunstausstellungen, Erweiterungen nicht ausgeschlossen. Im Kontrast hierzu berühren architektonisch ausgefeilte Bürogebäude wie der fünfschiffige Komplex ›Five Boats‹ den Horizont.

Das Wasser wiegt sich blau in der Sonne, Boote schwappen an der Marina. Entlang der Flaniermeilen hat sich vorwiegend Gastronomie angesiedelt, individuell mit eigenem Stil und ausgefallener Küche. Abends wird die Kulisse schmuckvoll beleuchtet und lockt selbst auswärtige Nachteulen an. Unter der Woche tummeln sich die Büroangestellten zum Mittagessen. Von Industriegeschichte ist kaum etwas zu spüren, mit Ausnahme der Getreidemühlen im schicken Industriebarock.

Besuchen Sie den Garten der Erinnerung, ein Landschaftspark an der Synagoge mit eindrucksvoll herausgearbeiteten Gebäuderesten. Er wird nachts illuminiert.

DHG WEISSE FLOTTE DUISBURG GMBH /// MÜNZSTRASSE 56 /// 47051 DUISBURG /// 02 03 / 7 13 96 67 /// WWW.WF-DUISBURG.DE ///

MÄUSCHEN SPIELEN IM GRÖSSTEN BINNENHAFEN EUROPAS

Duisburg – Hafenrundfahrt

39

Ein Rundumblick stellt nicht sofort klar, welche architektonische Epoche entlang der Anlegestelle Schwanentor eigentlich vorherrscht. Der Kirchturm aus dunkel geregnetem Sandstein, der hinter einer grauen Hausfassade hervorlugt, dürfte mindestens 600 Jahre alt sein. Wasserabwärts wiederum bleckt der jugendliche Halbrundkomplex ›Five Boats‹. Der Ausblick ist sinnbildlich für eine Fahrt durch das Hafengelände der Stadt, das in seiner 350-jährigen Geschichte schon alles an Glanz, Glorie und Tragödie gesehen und erlebt hat.

Der Innenhafen – das bedeutet 40.000 Arbeitsplätze, verteilt auf 250 angesiedelte Firmen aus mittlerweile 25 Nationen. Gut 1.000 Hektar Fläche wird hier bewirtschaftet, zehn Millionen Tonnen jährlich an Waren umgeschlagen. Pro Jahr legen um die 20.000 Schiffe an. Eines von ihnen ist die MS Gerhard Mercator. Sie schippert sogar gleich dreimal täglich an den 21 Hafenbecken vorbei. Ihre Ladung: Bis zu 250 Touristen. An schönen Tagen stürmen die ersten Gäste das Treppenhaus, um an Oberdeck auf Rattan-Stuhlgruppen die beste Aussicht zu ergattern. Im Innenraum wiederum besticht das blau-maritime Flair eines besseren Seniorencafés: Blauer Teppich, schwere blaue Vorhänge, Holzstühle mit blauer Bepolsterung. Der Raum ist klimatisiert. Oben sorgt der Fahrtwind für frische Luft.

Die große Rundfahrt mit der MS Mercator dauert knapp zwei Stunden. Dabei durchfährt sie das Marientor und den Außenhafen und geleitet die Gäste auf den Rhein. Schnell entfernt sich das Ufer und die Flussfahrt wird beinahe zu einer Reise auf hoher See. Sandbänke und Uferböschungen ziehen vorbei und werden rheinabwärts von einigen Sehenswürdigkeiten abgelöst. An den Hafenumschlagplätzen beherrschen dann wieder Kräne und Tanklager das Bild. Bis zum Hafenmund Duisburg-Ruhrort. Vor der Schifferbörse ruht ein alter Radschleppdampfer, eine Attraktion des Museums der Deutschen Binnenschifffahrt. Kapitän Karl-Heinz Rönsch begleitet die Fahrt unentwegt per Lautsprecher. Jede Fahrt, jede Ansage ist anders. »Denn das Schiff, das man heute sieht und erklärt, ist morgen nicht mehr da.«

Auf der großen Rundfahrt fahren Sie den gleichen Weg zurück. Daher: Ruhig pro Runde auf eine Flussseite konzentrieren. Das spart Nackenverspannungen.

TOUR-DE-RUHR /// IM LANDSCHAFTSPARK DUISBURG-NORD ///
EMSCHERSTRASSE 71 /// 47137 DUISBURG /// 02 03 / 4 29 19 19 ///
WWW.LANDSCHAFTSPARK.DE ///

LED-SPEKTAKEL AM NACHTHIMMEL

Duisburg – Landschaftspark

40

Das Merchandising boomt im Hauptschalthaus. Hier werden Tassen und Ansteck-Pins verkauft, aber auch Poster und Postkarten. Deren Motive wurden vorwiegend im Dunkeln aufgenommen. Denn während man sich in anderen Gegenden des Ruhrgebiets kaum vorstellen kann, des Nachts auch nur einen Schritt auf einen verlassenen, abgewrackten Maschinenfriedhof zu wagen, wird es im ›Landi‹ in Duisburg-Nord erst so richtig voll. Sein Geheimnis: Illuminationen.

Der dafür verantwortliche Künstler Jonathan Park ist im wahrsten Sinne Wortes eine Lichtgestalt. Seine Show-Karriere begann in den 70ern, als Pink Floyd auf seine aufblasbaren Objekte aufmerksam wurde. Ihnen zuliebe erfand er das fliegende Ballonschwein. Dann begann der ehemalige Ingenieur, die Bühnen von Tina Turner, Simply Red oder George Michael zu beleben. Außerdem setzte er sowohl die Eröffnungs-Zeremonie der Expo Sevilla als auch die Geburtstagsfeier Nelson Mandelas in London in Szene.

Die Gestaltung der Thyssener Brachfläche in Duisburg-Meiderich, die 1994 für die Öffentlichkeit sauber gekehrt und aufgehübscht wurde, wirkt bei solch einem Lebenslauf wohl eher unbedeutend. Nichtsdestotrotz begann der Engländer zwei Jahre nach Eröffnung des Parks die übrig gebliebenen angerosteten Industrieanlagen mit bunten Lichtinstallationen zu vernetzen. Das Ergebnis ist eine sich an Wochenenden und Feiertagen wiederholende beeindruckende Lichter-Show, die weitestgehend an das Kultur- und Illuminationsspektakel ›Extraschicht‹ erinnert (zur Erinnerung: Hier werden einmal jährlich ausgesuchte Maschinenfriedhöfe oder industriekulturelle Landmarken markant in Szene gesetzt) und Hobbyfotografen en masse auf das Gelände zieht. Google ist voll mit deren Aufnahmen, was wiederum die Popularität des Landschaftsparks widerspiegelt. Nichtsdestotrotz lohnt es sich auch, den Park bei Tageslicht zu besuchen. In ihm versteckt sind allerlei Aktionsflächen, wie ein Kletterpark, ein Hochseilparcours, einige Spielplätze sowie ein Bauernhof, der zu einem Lernbauernhof umgestaltet wurde. Seien Sie aber auf lange Märsche vorbereitet.

☞ Der Landschaftspark ist für Radtouren erschlossen, was auch unbedingt zu empfehlen ist.

DUISBURG MARKETING GMBH /// LANDFERMANNSTRASSE 6 ///
47051 DUISBURG /// 02 03 / 30 52 50 ///
WWW.DUISBURG-MARKETING.DE ///

FÜR JEDEN ETWAS DABEI

Duisburg – Sechs-Seen-Platte

9/11

Keine zwei Meter vom ›Betreten verboten‹-Schild entfernt schlägt der erste Hobby-Angler seine Strandmuschel auf, weiter unten, vor dem Parkplatz, richten Sonnenanbeter ihre Liegestühle nach der Sonne aus. Die Ufer sind nicht umzäunt – schließlich ist der gesamte Zugang zu den Seen kostenlos. Die Böschungen entlang einiger Ufer sind allerdings so dicht und unwegsam, dass selbst den frühen Vögeln nur wenig Platz bleibt, um sich der Seeordnung zu widersetzen.

Wie die meisten Gewässer im Ruhrgebiet ist auch die Sechs-Seen-Platte ein Produkt anhaltender industrieller Grabungen. Vor 100 Jahren wurde hier erstmals nach Kies geschürft, um unter anderem die Erweiterung eines Verschiebebahnhofes zu unterstützen. Dass aus dieser Industriefläche ein gut 280 Hektar großes Erholungsgebiet mit sechs miteinander verknüpften Seen gewachsen ist, ist dem frühen Einschreiten der Stadt Duisburg zu verdanken, die noch während der Auskiesungsphase die Fläche erwarb, um die drohenden Pläne der Verantwortlichen, das entstandene Gewässer mit Industrieschutt zu füllen, zu durchkreuzen. Stattdessen steuerte man frühzeitig auf das heutige Naherholungsgebiet zu und schaffte insgesamt sechs Einzelseen mit bewaldeten Inseln und Halbinseln sowie vielfältigen Nutzungsmöglichkeiten. So wird der Masurensee, der Wambachsee und der Wolfssee vorwiegend von Seglern und Bootssportlern besucht, während die südlichen Seen (Böllertsee, Wildförstersee, Haubachsee) von naturbegeisterten Joggern, Wanderern und Radfahrern umrundet werden. Die Sechs-Seen-Platte ist außerdem bekannt für ihren vielfältigen Fischbestand – nicht umsonst wird sie vom Stadtverband der Duisburger Sportfischer bewirtschaftet. An einer Uferseite des Wolfssees wird außerdem ein Strandbad mit Cafeteria betrieben. An der Seen-Platte angesiedelt sind aber nicht nur Segelvereine. Hier gibt es auch Kanu-, Ruder-, Kneipp- oder Sporttaucherverbände und -vereine sowie einen Hafen extra für Modellboote. Es ist schwer, hier einen Wassersport nicht zu finden – mit Ausnahme von Wasserballsport- und Synchronschwimmvereinen vielleicht.

☞ Besuchen Sie die naheliegende Wasserwelt Wedau im Sportpark Duisburg mit einem tollen Spielplatz, einem Klettergarten und einer Regattabahn.

NATURBAD MÜLHEIM AN DER RUHR /// FRIESENSTRASSE 101 ///
45476 MÜLHEIM AN DER RUHR /// 02 08 / 9 92 67 10 ///

PLANSCHEN AN DER A 40

Mülheim – Naturfreibad

41

Auf den letzten Metern der Friesenstraße bietet das kleine, aber gut ausgerüstete Ruhrstadion Mülheim-Styrum den Leuten seinen Parkplatz feil. Dass sich hier auch ein Freibad befindet, erfährt man erst auf den letzten Drücker, und selbst nach dem Einparken wird nicht so recht klar, in welche Richtung man zu gehen hat. Doch glücklicherweise ragt der gut 15 Meter hohe, rot-weiß gestreifte Sprungturm richtungweisend über die Hecken. Der Weg geht am Stadion entlang. Links des Weges preschen die Autos auf der A 40 vorbei, rechts wird in einem Garten hoch wachsendes Bambusartiges in Wasser eingeweicht. Der Regionalexpress rauscht in Hörweite durch die Gegend. In einem Ballungsgebiet wird nun mal keine Lücke verschwendet.

Ein Freibad ist ein Freibad: Rechteckige Chlorbecken, quiekende, sich am Wasserrutschenrand festklammernde Kinder, mit Handtüchern besprenkelte Wiesen und natürlich Pommes, Pommes, Pommes. Mit solchen Ansprüchen kann das Naturfreibad locker mithalten. Doch wer kleine, wilde Nichtschwimmer-Kinder hat, denen es im Planschbecken schnell langweilig wird und etwas mehr Spielplatzatmosphäre braucht, wird dieses Freibad zu schätzen wissen.

Hier bleibt einem die Qual der Wahl, auf welchem Grasfleck man sich niederlassen möchte. Zum Glück ist das Gelände logistisch gut eingeteilt: Unmittelbar hinter dem Eingang erstrecken sich die Schwimmer- und das 1,10 Meter tiefe Nichtschwimmerbecken mit einigen hübschen Accessoires, wie unter anderem einem Metallkorb für Wasserbasketball, einer gut verschlungenen Wasserrutsche und einem Sprungturm mit vier Sprungetappen von drei bis zehn Metern. Im hintersten Bereich haben Eltern mit Kleinkindern ihr eigenes Reich – das gechlorte Planschbecken in Teichoptik ist absolut rutschfest. Zwischen diesen Regionen befindet sich ein Sandspielplatz mit Holzschliff für Kletterer und Burgenbauer. Doch damit wäre längst nicht alles gesagt: Es gibt außerdem ein Beachvolleyballfeld, eine Tischtennisplatte, einen Bolzplatz, weitere Rutschen und Schaukeln. Schwer, sich hier zu langweilen. Ein echter Geheimtipp!

Die Rasenflächen befinden sich teils unter Kastanienbäumen, der Rasen wird nach anhaltender Trockenheit schnell strohig und kratzbürstig. Also: Unbedingt Badelatschen mitbringen!

ESSEN MARKETING GMBH /// TOURISTIKZENTRALE ///
AM HAUPTBAHNHOF 2 /// 45127 ESSEN /// 02 01 / 1 94 33 ///
WWW.ESSEN-TOURISMUS.DE ///

FÜRS RENNPFERD DES KLEINEN MANNES

Essen

42

Aufgrund der extremen Hitze an den Öfen arbeiteten die Schmelzer auf Zinkhütte Bergeborbeck kaum mehr als vier Stunden am Tag. Dadurch blieb genug Zeit für eine Taubenzucht. Eine Ruhrgebietskultur: In den Hochzeiten der Industrialisierung lebte jeder dritte Züchter im Ruhrgebiet, jede dritte Brieftaube flog heim in die Zechensiedlung. Sinnig also, dass sich die weltweit wohl einzige Brieftaubenklinik in Essen befindet.

Die Besucherzahl von Besitzern grauer Patienten ist allerdings rückläufig. Stattdessen kommen immer mehr Sittiche in die Klinik. Nach dem großen Hütten- und Zechensterben wurden Arbeitersiedlungen niedergerissen, dem Taubensport sterben die Züchter weg. Trotzdem sinkt die Anzahl der Tauben kaum. Die Schläge werden einfach größer.

Essen ist nach Dortmund die größte Stadt im Ruhrgebiet. Stellvertretend für die ganze Region wurde in Essen 2010 das Kulturhauptstadtjahr gefeiert. Hierfür hat sie sich einiges kosten lassen: Rund 8,6 Millionen Euro flossen aus dem städtischen Kultur-Etat in das Programm. Nebenbei wurde der Bahnhof saniert, die City bekam ein neues Shoppingcenter. Dass Shopping hier großgeschrieben wird, ist historisch belegt: 1927 errichtete die selbst ernannte ›Einkaufsstadt‹ als erste Deutschlands eine Fußgängerzone. Mittlerweile hofieren über 700 Warenhäuser im Zentrum, architektonische Perlen wie das Grillo-Theater und der Dom strahlen barocke Anmut aus.

Doch der Bär steppt auch im Restgebiet, was eindrucksvoll von Stadtteilen wie Rüttenscheid, Kettwig oder Werden demonstriert wird, die zwar nach Essen übereignet wurden, ihre eigene Stadtkultur allerdings nie abgelegt haben.

Die Zinkhütte ist seit 1968 stillgelegt. Essen verlagerte ihre Montangeschichte in Museen und Industrieruinen. In der City ist mittlerweile von Kohle, Stahl und Zink nichts mehr zu spüren. Ein echter Kunstgriff, nahm das Werksgelände von Krupp einst ein Drittel des Stadtgebietes in Beschlag. Dafür prägen heute Bürobauten der Zentralen von Industrie- und Stromriesen die Essener Skyline.

Besuchen Sie das gleichnamige Einkaufszentrum am Limbecker Platz. Mit einer Verkaufsfläche von sieben Hektar ist es eines der größten seiner Art in Europa.

DOMSCHATZKAMMER ESSEN /// BURGPLATZ 2 /// 45127 ESSEN ///
02 01 / 2 20 42 06 /// WWW.DOMSCHATZ-ESSEN.DE ///

WO NICHT NUR KINDERAUGEN FUNKELN

Essen – Domschatz

43

Um das Jahr 850 herum beschloss ein Rudel Feldmäuse, in die kleine Frauenkirche von Astnide zu ziehen. Die Mäuschen stiegen zu Kirchenmäusen auf, mussten sich dafür aber an einige Gepflogenheiten gewöhnen. So war den Mäusemännern das Wohnen im Frauenstift verboten. Das Denkmal der Dommaus Muxx von Muxxe ist im Kreuzgang zu betrachten. Ihr Bildnis wurde in Stein gehauen. Mäusefrauen gibt es da wohl immer noch. Und Astnide heißt mittlerweile Essen.

Das zumindest beteuert der Kinderbereich der Domschatz-Website. Wie viel an dieser Geschichte von Mäusen, die über die Jahrtausende Geschlechtertrennung im Stift betrieben, dran ist, müsste man bei Gelegenheit, das heißt bei einer Domführung, hinterfragen. Dass der Domstift allerdings einst als reine Frauengemeinschaft gegründet worden war, ist unbestritten. Gegründet wurde der Damenstift etwa 845 vom Hildesheimer Bischof Altfrid, an dessen Grab sich Wunder ereigneten, sodass er seit 1965, mehr als tausend Jahre nach seinem Tod, als Heiliger verehrt werden darf. Interessant: Der Turm einer nach ihm benannten, 1984 errichteten Kirche in Essen-Freisenbruch ist der Konstruktion eines Fördergerüstes nachempfunden und wurde 1987 auf zwei Tiefladern angeliefert.

Um die Stiftskirche, auch das Essener Münster oder Dom genannt, ist in den letzten 1200 Jahren die pulsierende Innenstadt gewachsen. Ihr Vorhof mit seinem verzierten Brunnen wirkt herrschaftlich und lässt, in Kombination mit der eindrucksvollen Architektur des Stiftes, bereits erahnen, dass hier etwas Besonderes verborgen ist. Und tatsächlich: Die Kirche ist innen wie außen eine Schönheit, auch wenn die Goldene Madonna, die älteste erhaltene Marienfigur überhaupt sowie Identifikationsfigur des ruhrgebietlerischen Katholizismus, einige verschrobene Konturen aufweist. Der Domschatz in der baulichen Erweiterung aus 2008 ist dank Security-Hightech bestens behütet, was bei dem goldigen Funkeln auch ganz sicher angebracht ist. Museen gibt es genug im Revier – doch nirgendwo sonst wird man sich der Macht, dem Reichtum und dem Reliquienkult der mittelalterlichen Kirche so nah und dabei so klein fühlen.

Verweilen Sie nach Eintreten des Domschatzes gleich rechts und werfen Sie einen Blick auf die uralten Münzen.

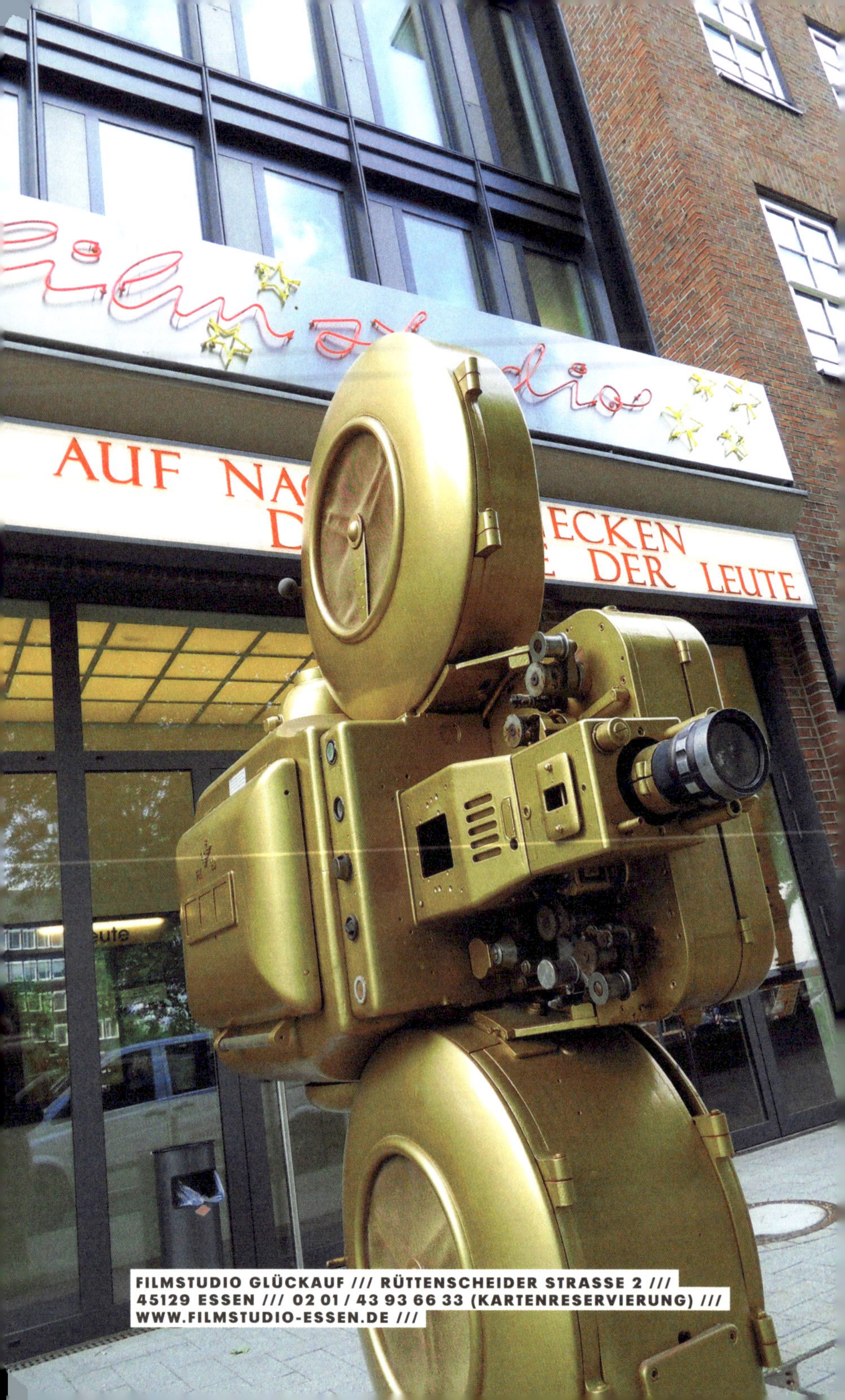

FILMSTUDIO GLÜCKAUF /// RÜTTENSCHEIDER STRASSE 2 ///
45129 ESSEN /// 02 01 / 43 93 66 33 (KARTENRESERVIERUNG) ///
WWW.FILMSTUDIO-ESSEN.DE ///

DAS GUTE ALTE AUF DER ›RÜ‹

Essen – Filmstudio Glückauf

44

Wie jedes Gebäude hat auch das Glückaufhaus im Essener Südviertel so seine Ecken und Kanten: Eckiger Vorbau, dreieckige Dachspitze, rechteckige Fenster. Selbst die Hecken im Innenhof sind zu Quadern geschnitten. Nur die Torbögen, die sich herrschaftlich vor dem Frontbau erheben, geben sich rundlichen Zügen hin – doch selbst die waren in den neoklassizistischen 20ern einst eckig gewesen. Im Keller ist davon nichts zu sehen. Denn da zeigt sich das alte Filmstudio im Kleid der wilden 50er.

Auf einem ferrariroten Teppich geht es hinunter ins Kellergeschoss und eine Brandschutzflügeltür der Marke ›brandneu‹ unterbricht für einen Moment die nostalgischen Gefühle. Dann sticht die elegant geschwungene Bar mit Lamellenoptik und rotem Geländer für gleichgewichtsgestörte Angeheiterte ins Auge. Sie ist ein Original aus den 50ern, ebenso wie die Sitzgruppen gegenüber sowie jene 250 Polsterklappstühle im Vorführraum, die der Beinfreiheit zuliebe um 50 Plätze dezimiert wurden. Hier riecht es nach frisch verlegtem Teppich. Dabei wurde das Filmstudio bereits Dezember 2009 wiedereröffnet. Man merkt, dass man hier auf seine Siebensachen achtet. Deswegen ist Popcorn an der Bar auch nicht erhältlich: »Der macht zu viel Sauerei.«

Das Filmstudio Glückauf ist das älteste Filmtheater in NRW. Eröffnet wurde es 1924, doch der Krieg sowie die zeitweise Verwahrlosung machten ihm zwischendurch den Garaus. Mitdenkende haben allerdings die Einrichtung frühzeitig eingelagert und vor Staub, Schimmel und Termiten gerettet. Diese machen heute den Charme des Filmstudios aus. Nicht die Termiten, sondern die Möbel – sowie die liebenswerte Kleinigkeitskrämerei, mit der das Kino anhand von Fotoaufnahmen aus vergangenen Jahrzehnten rekonstruiert wurde. Bis dahin musste viel Geld hergeschafft werden. Der Verein }Rettet das Filmstudio e. V.‹ initiierte eine Benefiz-Veranstaltung, 1.200 Essener spendeten. Das i-Tüpfelchen war eine Aktion der Sparkasse, die 200 Bürgschafts-Sparbriefe zu je 1.000 Euro unter die Leute brachte. Zur Wiedereröffnung lief übrigens ›Nanuk, der Eskimo‹ – genauso wie zur Eröffnung 1924.

Im Winter werden die Karten knapp. Nutzen Sie deswegen lieber die warmen Tage, um das Kino zu besuchen.

ALTE SYNAGOGE ESSEN /// STEELER STRASSE 29 ///
45127 ESSEN /// 02 01 / 8 84 52 18 ///
WWW.ALTE-SYNAGOGE.ESSEN.DE ///

EINE BEGEGNUNGSSTÄTTE JÜDISCHER KULTUR

Essen – Alte Synagoge

45

Massiver Stahlbeton verhinderte Schlimmeres, als am 9. November 1938 die Reichspogromnacht auch über der Neue Essener Synagoge wütete. Ein Abriss misslang, eine Sprengung kam wegen der Wohnhäuser nicht infrage. Das Gebäude überdauerte das NS-Regime beinahe unversehrt. Seither gilt es als eines der größten und schönsten Zeugnisse der jüdischen Kultur in Deutschland. Dass das Haus vieles mitgemacht hat, ist beim Eintreten noch deutlich spürbar.

Doch die ersten Erwartungen werden bitter enttäuscht. Eine Museumsrezeptionistin winkt die Gäste durch, die Halle des 70 Meter langen Synagogenbaus wirkt klein und bis zur Unkenntlichkeit restauriert. Im Innenraum laden entsetzlich wenige Holzstühle im VHS-Stil zum Verweilen ein, doch hier gibt es weder einen Altar mit Menora noch sonstige Anzeichen, dass hier jüdisches Leben zelebriert wird.

In der Tat hat sich die jüdische Nachkriegsgemeinde 1959 zum Bau einer neuen Synagoge entschlossen, die geschändete, nunmehr Alte Synagoge, wurde nach Kriegsende zunächst sich selbst, dann der Stadt überlassen, welche das jüdisch geweihte Haus entkernte, die Ornamente übermalte und den Saal für Industriedesignausstellungen zweckentfremdete.

Ein Brand 1979 half dem Rat bei der Entscheidung, mit mehr Kulturverständnis an die nötige Renovierung heranzugehen: Der Synagogenraum wurde ansatzweise rekonstruiert, das Haus diente nunmehr als Gedenkstätte und Diskussionsforum mit jüdischem Schwerpunkt. 30 Jahre und eine Renovierung später scheint die Synagoge Ruhe und Bestimmung gefunden zu haben: Die heutige Begegnungsstätte jüdischer Kultur wartet mit Exponaten und Hightech-Lösungen zur Darstellung jüdischer Lebensart und Geschichte auf. Zwei Frauen fläzen auf stromlinienförmigen Liegen und betrachten die Kuppel. Das Licht scheint dunkel durch die kleinen Blauglasfenster. Eine Kippa mit Batman-Motiv ist ausgestellt. Alleine für diesen Anblick hat sich der Fußweg gelohnt.

Die Synagoge bietet anderthalbstündige Führungen an. Bei einer Gruppe von 25 Personen kostet diese 30 Euro und lohnt sich, um der jüdischen Kultur etwas näher zu kommen.

GRUGAPARK ESSEN /// VIRCHOWSTRASSE 167 A ///
45147 ESSEN /// 02 01 / 8 88 31 06 /// WWW.GRUGAPARK.DE ///

EINE KINDERHILFE IM GRUGAWALD

Essen – Grugapark

46

Mit der Bundesgartenschau 1965 erlebte die Große Ruhrländische Gartenbau-Ausstellung, kurz Gruga, ihren vierten Frühling. Ursprünglich wurde der Park 1927 als Menschenmagnet für die schwächelnde Messe initiiert. 1938 brachte die Reichsgartenschau den Streichelzoo und die Liliputbahn auf das Gelände. Nach einer großflächigen Zerbombung wurde der Wiederaufbau 1951 in Angriff genommen. Doch man soll nicht meinen, dass seit der BUGA Schluss damit sei.

Zugegebenermaßen braucht es eine Portion Entschiedenheit, wenn man den Park über den Haupteingang besuchen möchte. Der Weg hinein zieht sich und die grauen Ausstellungshallen geben vor allem an Nicht-Messetagen Anlass zur Sorge, ob man nicht irgendwo hätte abbiegen müssen. Die Eingangstore sind hoch, aus grün lackiertem Stahl und strahlen nicht unbedingt Willkommensgrüße aus. Doch kaum ist die erste Biegung genommen, breitet sich die Schönheit jahrzehntelanger Gartenkünste vor einem aus: Die Bäume sind mit Bedacht gepflanzt und von Könnern beschnitten. Der Asphalt, von Bitumen gezeichnet, stellt klar, dass dieser Park nicht nur alt ist, sondern auch von schwerem Gerät befahren wird. Hin und wieder geraten skurrile, geradlinige oder schwungvolle Skulpturen von Hrdlicka, Rodin und Klimsch ins Blickfeld. Ein wahrer Hingucker jedoch ist das Ronald-McDonald-Haus, entworfen von Hundertwasser, eröffnet von Henry Maske und bewohnt von schwerkranken Kindern und ihren Eltern. Seine Zwiebeldächer funkeln in der Sonne.

Der Grugapark ist einer der größten Parks in Deutschland sowie Bestandteil des Gruga-Komplexes, zu welchem neben den Hallen auch ein modernes Bad gehört. Seine Eingänge verteilen sich auf die Stadtteile Holsterhausen, Margarethenhöhe und Rüttenscheid. Nach den baulichen Bewegungen zwischen den 30er- und 60er-Jahren gilt der Park auch inzwischen als verlässliches Naherholungsgebiet, wo es eigentlich immer etwas zu erleben gibt. Denn der Veranstaltungskalender des Grugaparks ist ganzjährig gefüllt.

Durchforsten Sie den Online-Kalender nach aktuellen Veranstaltungen. Bringen Sie Ihre Kinder mit und besuchen Sie den Abenteuerspielplatz.

STIFTUNG ZOLLVEREIN /// GELSENKIRCHENER STRASSE 181 ///
45309 ESSEN /// 02 01 / 24 68 10 /// WWW.ZOLLVEREIN.DE ///

AN DER SCHÖNSTEN ZECHE KOMMT KEINER VORBEI

Essen – Zeche Zollverein

47

Auf einer Rolltreppe fahren die Gäste in die ehemalige Kohlenwäsche hinein. Dort wird seit 2008 zu einer Expedition ins Kultur-, Heimat- und Sozialgeschichtliche des Ruhrgebiets eingeladen. Die Exponate des Ruhr Museums sind teils botanisch, fast archäologisch. Die Ebene ›Gegenwart‹ birgt Ikonen und Klischees hinter Glaskästen. Dort lächelt ein Tourist über eine Sammlung von Wasserflaschen: »Guck mal, Mineralwasser haben die hier ja auch.«

Manche Leute fragen sich, wozu das ganze Tamtam um die Ruhrbergbaugeschichte eigentlich gut sein soll. Die Jobs des Bergmannes oder Schmelzers waren gefährlich und gesundheitsschädigend. Und ihre Arbeitgeber verwüsteten mit ihren gefräßigen, qualmenden Industrieriesen die Umwelt – Ländereien wurden betoniert und ganze Wälder mussten den Zechen und Hüttenwerken weichen. Nichts an der Industrie war mondän, schön oder herzeigbar.

Die Zeche Zollverein ackerte fast 140 Jahre lang. 15 Jahre nach ihrer Schließung, 2001, wurde ihr der Weltkultur-Pokal der UNESCO übergeben, und zwar gemäß Antrag als ›ein einzigartiges Zeugnis großindustriell dominierter komplexer Lebens- und Arbeitszusammenhänge inmitten einer der größten industriellen Landschaften der Welt‹. Bis dahin ist viel Wasser den Rhein hinunter sowie Geld in die Zeche geflossen, um sie rundum vorzeigbar zu machen. Doch das Ergebnis kann sich sehen lassen: Nach einem kurzen Augenblick des Staunens unter dem bekannten 55 Meter hohen Doppelblock stehen dem Besucher viele Wege offen. Auf Zeche Zollverein darf man gucken und machen, laufen und fahren, Sport treiben und sich treiben lassen. Heute gleicht das Areal mehr einem Freizeitpark als einer hergerichteten Industrieruine und bringt die zweifelnden Besucher schnell auf den Gedanken, dass vielleicht doch nicht jeder Maschinenfriedhof im Revier dazu dient, um mit der ›Kohle forever!‹-Fahne zu schwenken, sondern vielmehr, um Teil des übrigen Lebens zu sein. Als Töpfer- oder Radierwerkstatt zum Beispiel – wie auf Zeche Zollverein.

Das Zechengelände wartet mit fünf individuellen Cafés und Restaurants in teilweise eigentümlichen Räumen und Hallen auf. Jedes von ihnen ist einen Besuch wert.

WO FESTE GEFEIERT WIRD

Festivalkultur im Ruhrgebiet

Würde man im Ruhrgebiet alle Feste feiern, wie sie fallen, hätte man arge Probleme, alsbald wieder ins Bett zu kommen. Denn Fakt ist: Nach der großen und schmerzhaften Kohlenkrise erlebt das Ruhrgebiet eine nie da gewesene Festivalkultur. Auf einmal scheint es kaum einen Grund mehr zu geben, aus einem Ereignis nicht gleich ein Festival zu machen. Und jene Bescheidenheit, die den Ruhrgebietlern einstweilen nachgesagt wurde, scheint dahin.

›Das Ruhrgebiet feiert sich selbst‹, titelten beispielsweise die Medien noch im Sommer 2010, als die Autobahn 40 auf einer Länge von 60 Kilometern für sechs Stunden gesperrt wurde, um diese in ein ›Still-Leben Ruhrschnellweg‹ zu verwandeln. Zwei Millionen Besucher wanderten und radelten über die Hauptschlagader, andere stellten die Alltagskultur des Reviers in fast karnevalistischer Manier zur Schau: Kung-Fu Kampfsportler wie Kleingärtner warben für ihre Sache, Musik dröhnte alle paar Meter. Parallel hierzu scheint das größte Dampf-Festival Deutschlands, das auf Zeche Hannover alle zwei Jahre gefeiert wird, fast banal. Doch das zeigt unmissverständlich: Der ehemalige Siedlungsverband Ruhrkohlenbezirk hat für jede Klientel ein Festspiel parat. Da ist es schwierig, den Überblick zu behalten.

Von gleich vier Gesellschaften parallel koordiniert wird die Nacht der Industriekultur, besser bekannt als ExtraSchicht, die jährlich in einer einzigen Sommernacht mit einem Festival aufwartet, das seinesgleichen sucht: In 50 Spielorten bespielen Künstler und Techniker von 18 bis 2 Uhr morgens stillgelegte Zechen, Hochöfen, Halden sowie andere sehenswerte Industriedenkmäler mit Musik-, Kunst- und Theateraufführungen sowie mit gigantischen Lichtinszenierungen und Pyrotechniken. Zuletzt lockte das Spektakel über 200.000 Besucher an. Und mit jedem Jahr werden es mehr.

Es gibt noch unzählige andere Musik- und Kulturfestivals, welche von den Medien jahrein, jahraus ertragreich begleitet werden. Fraglos dazu gehören das Wochenend-Musikspektakel Bochum Total im dortigen Bermuda3Eck sowie das mehrwöchige Zeltfestival Ruhr am Kemnader See in Witten. Beide erfreuen sich auch an überregionaler und sogar internationaler prominenter Teilnahme.

Dass es jedoch noch viele kleinere Feste gibt, denen man nicht fernbleiben sollte, soll hier parallel zu den Lieblingsorten dargestellt werden.

Das Ruhrgebiet strotzt vor Parks und Parklandschaften. Viele sind aus der Asche stillgelegter Zechen und Verhüttungswerken gewachsen, nicht selten unter den Fittichen einer Gartenbauausstellung (siehe Maximilianpark in Hamm, Seite 65). Dass die grünen Fleckchen an schönen Tagen für Festlichkeiten hergerichtet werden, ist daher schon ein Muss für die feierfreudigen Ruhrgebietler.

In Bochum wird jedes Jahr an einem Sommerwochenende das Stadtparkfest gefeiert. Als ›Sommerfest für die Familie‹ tituliert, kommen hier vor allem die Kinder auf ihre Kosten: Die Wiesen werden überflutet mit Spiel- und Sportattraktionen, Hüpfburgen, Malstationen und Gewinnspielbüdchen. Zauberer wie Clowns geben mehrmals täglich Vorstellungen. An beiden Tagen ist der Eintritt zum Tierpark frei (Stadtpark Bochum, Seite 155). Mit einem ähnlich spektakulären Parkfest wartet die Stadt Waltrop auf. Meistens im späten August lädt der Park Erwachsene wie Kinder mit einem prominenten Bühnenprogramm, einem reichhaltigen Trödelmarkt sowie musikalischen wie kulturellen Attraktionen an die Ziegeleistraße. Ein Riesenrad fehlt ebenso wenig wie das Zirkuszelt, in welchem aber gerockt und nicht geturnt wird. Der Eintritt liegt bei sechs Euro, Kinder unter 14 Jahre sind frei (Stand 2011).

Parallel zu den vorgestellten elf Seen darf eine besondere Form von Festlichkeit nicht fehlen: Seen in Flammen.

Gemeint sind hierbei Feuerwerksspektakel entlang der Ufer oder auf der Wasseroberfläche mittels treibender Boote. Umrahmt wird dieses Highlight am Kemnader Stausee (Seite 179) von einem mehrtägigen Volksfest mit Live-Musik jedweder Couleur. Das Spektakel Xantener Nordsee in Flammen (Seite 27) mit ähnlichem Musikaufgebot wird hingegen gerne von der Terrasse des Landhauses Wardt aus beobachtet, wo die Sitzplätze am besten schon im Voraus gebucht werden sollten. Wasser zieht einfach – vor allem in Industriewüsten.

ESSEN MARKETING GMBH /// TOURISTIKZENTRALE ///
AM HAUPTBAHNHOF 2 /// 45127 ESSEN /// 02 01 / 1 94 33 ///
WWW.ESSEN-TOURISMUS.DE ///

EINE GARTENSTADT FÜR BERTHA

Essen – Margarethenhöhe

48

Bertha Krupp war erst 16 Jahre alt, als ihr Vater, der ›Kanonenkönig‹ Alfred Krupp, verstarb. Er wurde nur 48 Jahre alt. Als ältestes von zwei Kindern trat Bertha das Erbe an. Im Alter von 20 Jahren heiratete sie auf Empfehlung Kaiser Wilhelms II. einen Diplomaten, welchem sie acht Kinder sowie beiden einen langen Nachnamen schenkte: Krupp von Bohlen und Halbach. Ihre Mutter Margarethe war von der Hochzeit äußerst entzückt.

Sie stiftete anlässlich der Feierlichkeiten der Stadt Essen eine Gartenstadt. 1909 wurde mit der Planung der Siedlung ›Margarethenhöhe‹ begonnen. Ihre Vollendung sollte sage und schreibe 32 Jahre dauern. Eine Messingplakette am Torbogen des Hauptzuganges an der Steilen Straße erinnert an Margarethe Krupp und die Geschichte der Gartenstadt, die eigentlich gar keine ist. Zumindest nicht im Sinne des Erfinders. Denn weder ist die Siedlung im Stadtkern gelegen (sondern war ein Vorort), noch gleicht hier ein Haus dem anderen. Hinzu kommt die Anordnung von Margarethe Krupp, die Wohnungen nur zur Hälfte an Kruppianer zu vermieten und den Rest den Essener Normalbürgern zu überlassen. Allesamt Facetten, die gegen den Strich der sozialreformerischen Idee Ebenezer Howards gingen – des ›Vaters der Gartenstadt‹. Dennoch tut dies der Schönheit und Einzigartigkeit der Siedlung keinen Abbruch. Ihre mit Efeu überwucherten weißen Fassaden, geschwungenen Giebeln und mit Holzläden dekorierten Fenster sowie ihre unentschlossen wirkende Straßenführung machen den Spaziergang zu einem Hingucker. Seit Ende des Zweiten Weltkriegs, nach dem Wiederaufbau zerstörter Häuser, gilt Margarethenhöhe als eigenständiger Stadtteil mit etwa 7.000 Einwohnern und ist als Mietraum äußerst begehrt.

Und obschon es durchaus ungewöhnlich erscheint, als Tourist eine Wohnungsanlage zu besichtigen: Die Margarethenhöhe ist seit jeher Bestandteil der Themenroute ›Arbeitersiedlungen‹ der Route der Industriekultur und an Touristenbegegnungen gewöhnt. Mehrmals wöchentlich kurven Reisebusse mit knipsenden Auswärtigen durch die Straßen, der Markt ist ebenfalls touristisch erschlossen.

Schließen Sie Ihren Rundgang mit einem Besuch des Kleinen Marktes ab. Dort befindet sich der Schatzgräber-Brunnen sowie der repräsentative Bau der ehemaligen Konsumanstalt.

ESSEN MARKETING GMBH /// TOURISTIKZENTRALE ///
AM HAUPTBAHNHOF 2 /// 45127 ESSEN ///
02 01 / 1 94 33 /// WWW.ESSEN-TOURISMUS.DE ///

DA, WO MEHR KETTWIG ALS ESSEN IST

Essen-Kettwig

49

Weit genug weg von der A 52, direkt hinter dem braunen Industriekulturschild ›Villa Hügel‹, haben sich vor gut 1.200 Jahren die ersten Kettwiger niedergelassen. Die Position ist strategisch gut: Mitten im Ruhrtal, umrahmt von waldigen Hügeln und der Ruhr, war und ist für die Anwohner gut gesorgt und man spürt, dass dem Althergebrachten im Zweifel der Vorzug gegeben wird. Doch hin und wieder lassen sich Neuerungen nicht vermeiden.

Die neue gläserne Einkaufsmeile auf der Hauptverkehrsstraße beherbergt einige moderne Kleingeschäfte. Sie hält einen geradezu respektvollen Abstand zu der kuscheligen Altstadt, die mit einer Reihe von Prachtbauten sowie einem hoheitlichen Kirchturm angekündigt wird. Am Rande des Kirchhofes, an der Statue vorbei, laden sich ein paar Holzbänke mit der Sonnenwärme des Tages auf. Von dort aus hat man einen sagenhaften Blick auf das Ruhrtal, die Stauwehr sowie auf die scheinbar in den Abgrund rutschenden Einfamilienhäuser. Weiter hinein in den Ort, vorbei an dem Pflasterstein-Kreisel, finden hübsche, kleine Cafés und Biergärten genügsame Abnehmer. Doch auch die anderen nehmen sich die Zeit, um durch die Gassen zu schlendern und die Eindrücke aufzusaugen.

Essen-Kettwig ist der größte, und Essen zuletzt zugeordnete Stadtteil. Ihm zu Füßen liegt der kleinste Ruhrstausee, der Kettwiger Stausee, der von der Weißen Flotte des Baldeneysees an Sonntagen besucht wird. Kettwig ist eine Stadt für Sportler, entlang ihres Flussufers führt der Ruhrtalradweg, aber auch für Wanderungen durch den Stadtwald hält der Ort gerne her. Trotzdem wird Kettwig gerne als verschlafenes, erzkonservatives Örtchen betitelt. Das kommt nicht von irgendwoher: Hier gibt es mehr Blumenläden als Drogerien, und die Läden schließen durchschnittlich um 18.30 Uhr. Für Stadtmitte-Gäste undenkbar. Aber genau darum geht es ja auch: Nämlich das Essen-Kettwig nicht Essen-City ist. Und dass hier die Uhren wesentlich entspannter laufen als in mancher Großstadt.

Der Heimat- und Verkehrsverein bietet Stadt- und Nachtwächterführungen sowie Führungen durch den Skulpturenpark an. Anmeldungen unter: 02054/2236

ESSEN MARKETING GMBH /// TOURISTIKZENTRALE ///
AM HAUPTBAHNHOF 2 /// 45127 ESSEN /// 02 01 / 1 94 33 ///
WWW.ESSEN-TOURISMUS.DE ///

EINE LANDOASE FÜR FUCHS UND HAS

Essen-Werden

50

Auf einer Reise nordwärts in den Südzipfel der Stadt Essen (man nehme hierfür Abstand von den Autobahnen A 40 und A 52) hat man auch nach Heidhausen noch nicht das Gefühl, das hiesige Stadtgebiet überhaupt gestreift zu haben. Dabei ist man schon mittendrin in Essen, in diesem Falle in Essen-Werden, fraglos eines der idyllischsten Fleckchen der Stadt. Von hier ist Velbert-Langenberg nicht fern, ein ländlicher Ort im Bergischen Land. Dort wie in Werden haben vor allem die endlosen Weiden, Serpentinenstraßen und der Dorfcharakter eine magische Anziehungskraft – insbesondere auf die Motorradfahrer, die sich an schönen Tagen bevorzugt in die Werdener Kurven legen, um den naheliegenden Baldeneysee zu umkreisen.

Man braucht keinen Reiseführer zu lesen, um zu merken, dass die Basilika St. Ludgerus eine der schönsten Kirchen des Landes ist. Sie ist Wahrzeichen und Landmarke von Essen-Werden, obwohl sie aufgrund der hügeligen Umgebung kaum von Weitem gesehen wird. Auf Bitten der Einwohner wurde der historische Kräutergarten der Abtei 2006 nach dem alten benediktinischen Vorbild wiedereröffnet. Allein die Planung dauerte sieben Jahre.

Der Puls der ehemaligen Tuchmacherstadt schlägt im Ruhrtal, die bewaldeten Hügel überragen wie ein Mini-Schwarzwaldgebirge die Dächer. Die Altstadt ist mit Pflastersteinen ausgelegt, die alte Fachwerkkunst allgegenwärtig. Die Geschäfte des Viertels sind häufig klein und individuell, Warenhausketten kaum anzutreffen. Werden verfügt über eine besonders ausgeprägte Eis- und Kaffeegastronomie. Für eine Eiskugel stehen die Leute an der Eisdiele schräg gegenüber der Abteikirche in einer Schlange, die auch gerne bis auf die Straße reichen kann. Vor einer Tasse Kaffee wiederum kommt erstmal die Qual der Wahl. Doch Sie sollten gut bedient werden, würden Sie ins ›Süß Werden‹ einkehren, einem Café mit französischen und italienischen Süßwaren. Die Seele baumelt kaum irgendwo besser.

Die unglaublichsten Torten gibt es in der Konditorei Werntges in der Hufergasse. Ein Besuch und ein Küchlein für ein paar Euro sollte unbedingt eingeplant werden.

WEISSE FLOTTE BALDENEY GMBH /// HARDENBERGUFER 379 ///
45239 ESSEN /// 02 01 / 8 40 43 60 /// WWW.FLOTTE-ESSEN.DE ///

DER GRÖSSTE STAUSEE IM POTT

Essen – Baldeneysee

10/11

Am Regattaturm des Anlegers Essen-Hügel hat Künstler Christoph Hildebrand 20 Uhren installiert. Sie sind unterschiedlich groß und laufen unterschiedlich schnell. Einst leuchteten sie im Dunkeln. Sie sind ein Überbleibsel der Veranstaltung ›Ruhrlights: Twilight Zone‹ vom September 2010, die in Hagen ihren Anfang nahm. Mittlerweile neigt man dazu, sie zu übersehen und eher einen Blick auf die gut gefüllten Tribünen zu werfen.

Es ist März. Die Sommerzeit wurde gerade umgestellt. Die Mittagssonne taucht ihre ersten warmen Strahlen in den 270 Hektar großen Ruhrstausee, doch auf ihm haben sich bisher nur ein paar Enten, ein Segelboot sowie ein von Senioren gepaddeltes Kanu eingefunden. Die Vorsaison der Weißen Flotte beginnt erst im April, erste Kanu-Frühjahrsregatten starten im Mai. Dennoch ist die Tribüne neben dem Regattaturm gut ausgelastet: Touristen wie Einheimische pferchen sich auf den Holzbänken aneinander, die Rucksäcke haben sie zwischen die Füße geschoben und ihre Gesichter bewegen sich wie Blumenblüten mit der Sonne. Es ist ein seltsames Schauspiel, hätten sich die Sonnenanbeter gleichwohl auf die Wiese im Stadtgarten oder in ihre Stühle auf dem Balkon legen können. Doch der Baldeneysee scheint mit einer eigentümlichen Anziehungskraft auf die Menschen zu wirken. Auch wenn im März hier wirklich nichts los ist (abgesehen von den bretternden Bikern und Quad-Fahrern, die den See bei Sonne wie schwirrende Wespen umrunden).

Der Baldeneysee ist der Koloss unter den sechs Ruhrstauseen. Mit einer Länge von fast acht Kilometern streift er gleich fünf Essener Stadtteile. Die Attraktionen, die sich vorwiegend im Wassersportbereich bewegen, sind auf die Ufer in Werden, Heisingen, Bredeney, Kupferdreh und Fischlaken verteilt. Rundherum führt ein 14 Kilometer langer Asphaltweg, der seit fast 50 Jahren als Marathonstrecke dient. Die Yachtschule am Hardenbergufer bietet Segelkurse und Sportbootführerscheine an. Aber auch rumsitzen und sich sonnen ist hier möglich.

Alljährlich ab Mai fährt die Hespertalbahn, eine historische Lok, im Bummelzugtempo am Baldeneysee entlang. Startpunkt ist der Alte Bahnhof in Kupferdreh.

BOCHUM MARKETING GMBH /// HUESTRASSE 9 ///
44787 BOCHUM /// 02 34 / 96 30 20 ///
WWW.BOCHUM-TOURISMUS.DE ///

TIEF IM WESTEN

Bochum

51

Dietrich von Steinen musste es wissen. 1741 schrieb er über die Westfalen, ›sie seien dumme Oxen und saufen wie die Beester‹. Dem dürfte Moritz Fiege vorbehaltlos zugestimmt haben, machte doch seine Fusel- und Branntweinbrennerei 1736 gute Umsätze. 1876 erhielt Franz Fiege die Braurechte für die Stadt Bochum, sein Sohn Johann legte den Grundstein für die heutige Traditionsbrauerei. Arnold Fiege hatte da weniger Glück.

Die Brauerei Arnold Fiege auf der Brauereimeile in der Castroper Straße wurde 1922 von der Schlegel-Scharpenseel-Brauerei AG vereinnahmt, das Gelände abgerissen. Dass es zwischen den Weltkriegen zwischenzeitlich zwei Fiege-Brauereien gegeben hat, ist im heutigen Bochumer Stadtbild nicht mehr sichtbar. Die überlebende, sich seit 1878 an der Scharnhorststraße befindliche Brauerei wird mittlerweile in der vierten Generation betrieben und gehört zu den wenigen Familienbrauereien im Ruhrgebiet. Dabei ist Bochum gar keine Bierstadt.

Über die Grenzen bekannt ist die Stadt für ihren Gussstahl und ihre Zechen. Doch auch kulturell hat die Stadt einiges zu bieten: So gehören die Grönemeyers ebenso zum Bochumer Inventar wie einige medienpräsente Comedians. 2013 feierte das Musical Starlight Express sein 25-jähriges Bestehen, das Schauspielhaus und das Planetarium sind weit über die Stadtgrenzen hinaus bekannt. Ganz zu schweigen vom VfL Bochum, der zwischen den Ligen pendelt wie der Regionalexpress 1 zwischen seinen Tarifgebieten.

Nicht weit von der Brauerei entfernt befindet sich bereits die Fußgängerzone. In der City pulsiert das junge Leben auf Bochums Prachtstraße, dem Boulevard, und es braucht einen zweiten Blick, um den Vorkriegs-Barock des Kaufhauses Kortum und der alten Kommunalbank einzufangen. Ähnlich verhält es sich mit den kleinen Boutiquen und ihren tollen Angeboten, die einem aber nicht sofort ins Auge springen wollen. Die Suche nach einem Friseur wird Ihnen dagegen wesentlich leichter fallen – denn davon hat die Stadt mehr als ausreichend.

Besuchen Sie am Abend das Bermuda3Eck zwischen dem Südring und dem Konrad-Adenauer-Platz. Das Kneipenviertel empfängt drei Millionen Gäste pro Jahr und ist Gastgeber von Bochum Total.

KAFFEERÖSTEREI RÖST.ART /// GRABENSTRASSE 1 – 3 ///
44787 BOCHUM /// 01 76 / 20 83 66 33 ///
WWW.ROESTART.DE ///

DAS ›SCHWARZE GOLD‹ AN DER PAULUSKIRCHE

Bochum – Kaffeerösterei

52

Eigentlich ist draußen noch genug Platz für weitere Terrassenmöbel. Stattdessen bieten Claudia Schiweck und Richard Miklas nur zwei Tischchen und Stühle mit Flokatibesatz für ihre Draußensitzer an. Das soll helfen, die Kunden mit jener steten Aufmerksamkeit zu bedienen, die sich schon herumgesprochen hat. Früher konnten sie an Samstagvormittagen noch bei etwas Kaffee die Konkurrenz beobachten. Heute stehen sie eine Stunde früher auf.

»Das Schwerste war die Kündigung«, sagt der Statiker Richard Miklas über seinen Kopfsprung in die Selbstständigkeit. »Aber wir haben unseren Traum wahrgemacht.« Ihr Traum – das ist eine Kaffeerösterei in der Fußgängerzone von Bochum, eingepfercht zwischen einem Wurstladen und einer Bankfiliale, überlaufen an späten Nachmittagen von Menschen, denen nichts ferner liegt, als ›mal eben‹ Kaffee zu trinken. Coffee to go ist hier Nebengeschäft. Stattdessen wird lieber in Chambordkannen serviert, in denen der langsam zu pressende Kaffee immerhin drei bis fünf Minuten ziehen muss. Das Konzept der beiden Slow-Food-Unterstützer wird angenommen. Aber sie mussten auch Schlappen hinnehmen. »Anfangs haben wir Espressokannen angeboten. Die Idee dazu bekam ich in einem Café aus Kolberg, Polen. Doch das Konzept mussten wir bald einstampfen. Es war einfach zu aufwändig.« Nichtsdestotrotz scheuen die beiden keine Mühen, um Neues und Rares anzubieten: Malzeis mit Portwein und Espresso, französische Limonaden, Trinkschokoladen in Blöcken, angereichert mit einem ehrlichen Lächeln und einer Engelsgeduld, wenn es mal wieder etwas voller wird. Tatsächlich finden kaum mehr als 25 Leute hier einen Sitzplatz. Doch der Platzmangel bringt Leute an einen Tisch zusammen, welche unter anderen Umständen kaum ein Wort miteinander gewechselt hätten. Jung lauscht Alt in nostalgischer Harmonie. Ein Phänomen, das Freunde macht. »An Weihnachten kommen Leute und schenken uns kleine Aufmerksamkeiten«, gibt Miklas mit einem Lächeln zu. Hinter ihm türmen sich die Kaffeesäcke. Den Großteil des Umsatzes macht die Kaffeerösterei mit dem Vertrieb selbst gerösteter Bohnen. »Ich röste schon eine Woche im Voraus«, sagt er. »Sonst käme ich mit der Nachfrage gar nicht mehr nach.«

Zur Kaffeezeit werden verschiedene Sorten frisch gebackener Kuchen angeboten.

TIERPARK UND FOSSILIUM BOCHUM /// KLINIKSTRASSE 49 ///
44791 BOCHUM /// 0234/ 95 02 90 ///
WWW.TIERPARK-BOCHUM.DE ///

ALTE WIESEN IN EINER ALTEN STADT

Bochum – Stadtpark

53

Mit 26 entwarf Wilhelm Kreis für einen Studentenwettbewerb einen Turm: Quadratisch, die Ecken aus Säulen gefertigt, Feuer lodert aus einer Schale. Der Entwurf ›Götterdämmerung‹ sollte später als Vorlage für 47 weitere Türme dienen, welche Otto von Bismarck zu Ehren bis 1934 errichtet wurden. Dass Bochum für einen Bismarckturm 1909 im Stadtpark den Grundstein legte, war eine Selbstverständlichkeit, war Bismarck doch seit 1885 Ehrenbürger.

Der Bismarck-Kult nahm schon zu dessen Lebzeiten im Jahre 1869 seinen Lauf und kam nach seinem Tod noch einmal richtig Fahrt. Von den 184 Türmen, die auf dem Gebiet der heutigen Republik errichtet wurden, existieren 38 nicht mehr, viele der übrigen sind baufällig und kaum begehbar. Bochum hat Wilhelm Kreis viele Bauwerke zu verdanken; der Bismarckturm aber wurde nach Entwürfen von Albert Friebe errichtet.

Seit seiner Eröffnung 1910 hat der 34 Meter hohe Turm viele Sanierungen erlebt, die erste bereits nach dem Zweiten Weltkrieg. Nicht zuletzt deswegen gilt er zwar als der höchste, aber auch als der teuerste Bismarckturm im Ruhrgebiet. 2010 feierte er seinen 100. Geburtstag. Neben der Büste des Turnvaters Jahn ist er das älteste Denkmal im Bochumer Stadtpark und wird heute gerne als Aussichtsplattform genutzt.

Der Stadtpark wurde 1876 nach englischem Stil angelegt und einige Male erweitert. Er gehört zu den ältesten Landschaftsgärten im Ruhrgebiet. Eine archaische Ruhe und Gelassenheit weht über die Wiesen und Gewässer, an deren Ufer man nach Schildkröten Ausschau halten sollte. Weniger archaisch geht es im kostenpflichtigen Tierpark und Fossilium am Fuße des Bismarckturmes zu, einem 1,9 Hektar großen Park im Park, herangewachsen zu einem kleinen Zoo. Die liebevoll gestaltete Nordseewelt mit ihren künstlichen Dünen, Strandkörben und gläsernen Becken ist neben dem Riffhai-Meerwasserbecken ein gut besuchter Anlaufpunkt. Hier im Tierpark herrscht reges Treiben, unter Menschen wie unter Tieren. Und es braucht nie lange, ehe man feststellt, dass man sehr bald wiederkommen möchte.

Am letzten Wochenende vor den Sommerferien findet im Park jährlich das Stadtparkfest statt, eine Veranstaltung für Kinder mit großem, kostenlosem Unterhaltungsprogramm.

DEUTSCHES BERGBAU-MUSEUM /// AM BERGBAUMUSEUM 28 ///
44791 BOCHUM /// 02 34 / 5 87 70 ///
WWW.BERGBAUMUSEUM.DE ///

SEPPEL HAT LÄNGER AUSGEHALTEN

Bochum – Deutsches Bergbau-Museum

54

Mit Kohl und Brot musste Tobias in den Korb gelockt werden, wenn er auf einer anderen Sohle gebraucht wurde. Der Wallach sah selten die Sonne. Zwölf Jahre lang diente er als Schlepper auf Zeche Blumenthal in Recklinghausen, ehe eine Klappspurlatte gegen sein Hinterteil schlug und ihm den Schock des Lebens bereitete. Tobias wollte nie wieder in den Korb und wurde 1966 zutage befördert. Das Bergbaumuseum hat ihm als letztes Grubenpferd ein Denkmal bereitet.

Ein Plastiknachbau von Tobias ist im Besucherbergwerk zu besichtigen. Die dortigen Stollen und Streben ragen nur 20 Meter in die Tiefe und dienen lediglich zur Demonstration. Ein uniformierter Angestellter führt die Besucher mithilfe eines monströsen Fahrstuhls hinunter. Die Seilfahrt ist träge. Es ruckelt, womöglich absichtlich, um den Eindruck zu verstärken, man wäre kilometerweit gereist. Die Täuschung wirkt: Es braucht kaum zehn Meter Fußweg, um sich verdammt weit weg zu fühlen. Weit weg von der Sonne. Und sehr nah am Geschehen. Unter Tage wird mit Grubenlampen ausgeleuchtet, die rohen, ausgeschachteten Wände lassen ahnen, wie der echte Dreck ausgesehen haben könnte. Stromkästen, Kabel, Warnschilder. Hin und wieder huschen Kinder mit Grubenhelmen und Lampen vorbei, Lichtkegel mitgebrachter Taschenlampen punktieren Aktionsflächen mit altem Gerät.

Dann eine Fahrt nach oben. Das Fördergerüst ist ein Doppelblock der ehemaligen Zeche Germania Dortmund und ragt 71 Meter in die Höhe. Bei starkem Wind, mit den monströsen Seilscheiben im Rücken, braucht es einiges an Überwindung, um einen Blick über die Stahlreling zu wagen. Das größte Ausstellungsstück ist eine Landmarke für Bochum.

Das Museum stellt auf einer Gesamtfläche von 1,2 Hektar aus und es braucht viel Aufmerksamkeit, sich den Bodenschätzen, akribischen Nachbildungen alter Bergwerke, 3-D-Impressionen in Fotokästen oder Exponaten volkstümlicher Bergbau-Kunst zu widmen.

Tobias war übrigens nicht das letzte Grubenpferd des Ruhrbergbaus: Der Schimmel-Wallach Seppel aus Bochum-Gerthe erhielt zwei Monate später sein Gnadenbrot in Lüdinghausen, doch von ihm gibt es kein Foto.

☞ Mit 400.000 Besuchern pro Jahr ist es eines der meistbesuchten Museen Deutschlands

Carl Zeiss
UNIVERSARIUM
ZEISS PLANETARIUM BOCHUM /// CASTROPER STRASSE 67 ///
44791 BOCHUM /// 02 34 / 51 60 60 ///
WWW.PLANETARIUM-BOCHUM.DE ///

FESSELNDER WELTRAUM

Bochum – Planetarium

55

Es ist Mitte April, mitten in den Osterferien. Die Sonne glimmt bei 26 °C, der Himmel ist wolkenlos. »Mistwetter für uns«, sagt Prof. Dr. Susanne Hüttemeister, Direktorin des Bochumer Planetariums. Tische mit Sonnenschirmen auf der Terrasse vor der Kuppel machen den Sonnenschein aber durchaus genießbar. Bei Regen hingegen ist das Planetarium ein Selbstläufer. Besucher greift höchstens das Bergbau-Museum ab – oder umgekehrt. Denn gegenseitige Ermäßigungen sind der Schlüssel zum Erfolg.

Das Planetarium in Bochum war irgendwie schon immer da. Seine halbrunde, silbrig glänzende Kuppel gehört neben dem Rathaus, dem Bismarckturm und dem Doppelblock des Bergbau-Museums zum allgemein gültigen Bochumer Stadtbild und niemand hätte je einen Gedanken daran verloren, das Planetarium könnte irgendwann nicht mehr da sein. Doch die Gefahr bestand. Und Susanne Hüttemeister sah sie bereits 2004, als sie den Posten der Direktorin übernahm. »Die Technik war veraltet und für unsere Software gab es keine Updates mehr.« Die Runderneuerung kostete gut drei Millionen Euro. Und die Durchsetzung des Budgets war nicht einfach. »Ein Jahr später und unser Schicksal wäre besiegelt gewesen.« Die Neueröffnung fand im April 2010 statt, mitten im Kulturhauptstadtjahr. »Das war nicht unvorteilhaft für uns.«

Seit ein paar Jahren befindet sich das Planetarium, das inzwischen zu den modernsten weltweit gehört, in einem Wandel. Dies ist nicht zuletzt dem abwechslungsreichen Programm geschuldet: Neben den klassischen Kinder- und lohnenden Astronomieprogrammen werden vor allem die Musikshows und Literaturnächte mit bekannten Synchronsprechern, die selbstverständlich unter einem traumhaften Sternenhimmel stattfinden, bestens besucht. In der kühleren Saison locken außerdem spacige und klassische Live-Konzerte zahlreiche Menschen unter das 20 Meter hohe Kuppeldach. Das Angebot außerhalb des Vorführraums wird ebenfalls stetig angepasst. Neben Snacks, Kaltgetränken und Kaffeevariationen hält ein Mini-Shop mit 3-D-Karten, Büchern, Mond- und Erdflummis vorwiegend die Kinder auf Trab.

Warme Kost gibt es direkt nebenan: Das Restaurant Matzen an der Synagoge bietet koscheres Essen aus Osteuropa, New York udn Israel an.

BOTANISCHER GARTEN DER RUHR-UNIVERSITÄT BOCHUM ///
UNIVERSITÄTSSTRASSE 150 /// 44801 BOCHUM ///
02 34 / 3 22 30 98 /// WWW.BOGA.RUHR-UNI-BOCHUM.DE ///

GÄRTNERISCHE SCHÖNHEIT MIT MINI-CHINA

Bochum – Botanischer Garten

56

1962 stampfte Bochum als erste Stadt im Ruhrgebiet eine Universität aus dem Boden, die architektonisch nach wie vor ihresgleichen sucht: Rechteckige Kolosse aus Stahl, Glas und Beton scharen sich, frei nach der Interpretation des Architekten Hentrich, wie heimgekommene Schiffe um die Mensa, das Forum und die Bibliothek. ›Hafen im Meer des Wissens‹ wird die RUB heute jedoch kaum noch genannt. ›Beton-Uni‹ aber umso eher.

Entlang der Komplexe NA bis ND des Bildungsbetons für Biologie und Biotechnologie erstreckt sich die Spiel- und Studienwiese der Studenten, der Botanische Garten. Auf einer Fläche von 13 Hektar, 3.500 Quadratmeter davon unter Glas, wachsen hier Kontinente zusammen – und lockern vor Erstaunen die eine oder andere Kinnlade: Im verglasten Tropenhaus blühen Avocados und Sternfrüchte, Palmen und Farne stoßen bereits an das 17 Meter entfernte Dach. Tukane wohnen hier ebenso wie Wachteln, die am Boden zwischen den Rinnsalen scharren. Im Wüstenhaus direkt gegenüber hält man angesichts Tausender Stachel und Dornen von zig Jahre lang herangewachsenen Kakteenpflanzen lieber die Finger still. Die Luft fühlt sich hier, anders als im feuchten Tropenhaus, wesentlich dünner an.

Im Hangbereich der Anlage, nähe des Zuganges Lottental, befindet sich das Schmuckstück des Botanischen Gartens, der Qian Yuan, ein 1.000 Quadratmeter großer chinesischer Garten, angelehnt an Tao Yuanmings ›Bericht vom Pfirsichblütenquell‹. Die Anlage ist 1990 in Zusammenarbeit mit der Tonji-Universität in Shanghai entstanden, die erste Renovierung erfolgte 2001. Die südchinesische Anlage des Qian Yuan, die es in Deutschland nirgendwo ein zweites Mal gibt, erlaubt es, zwischen 600 Tonnen schweren Felsgestalten zu wandern, dabei Bäche und Wasserfälle zu streifen sowie aus mehreren Pavillonfenstern direkt auf den zentralen Teich zu schauen. Ein paar Kois schwimmen unter der Oberfläche, eine junge Frau liest im südlichen Pavillon ein Buch. Ein paar Kameras klicken, doch das ist nichts Ungewöhnliches hier.

Planen Sie einen Besuch im Frühjahr ein, wenn die ersten Magnolien blühen. Ein unvergleichlicher Duft!

HOLZKOHLEGRILL /// OSTSTRASSE 34 /// 44866 BOCHUM ///

HIER GIBT'S DIE BESTE CURRYWURST IM REVIER

Bochum-Wattenscheid – Holzkohlegrill

57

Die Reaktion auf die Eingemeindung von Wattenscheid in den Bochumer Stadtbezirk 1975 war mehr als nur widerspenstig: Fast drei Viertel der Wattenscheider waren dagegen, einige Bochumer nennen ihren jüngsten Zögling fast liebevoll ›Watt'n Scheiß‹. Umso fieberhafter wurde der Wiedereinführung des WAT-Kennzeichens 2012 entgegengesehen. Dabei ist Wattenscheid-City ganz bestimmt keine Perle im Revier. Umso besser schmeckt dort allerdings die Currywurst.

Hamburg und Berlin streiten sich um das Privileg, die Currywurst erfunden zu haben. Und in beiden Städten finden sich entsprechende Gedenktafeln für Frauen – doch nur eine von ihnen, nämlich Herta Heuwer aus Berlin, war real. Sie ließ sich ihre ›Chillup‹-Soße 1959 patentieren.

Laut Sportreporter Manni Breuckmann soll der Currywurst-Kult im Ruhrgebiet seine Anfänge 1962 in Datteln genommen haben. Ob es stimmt, darüber kann man sich streiten. Unstrittig ist allerdings: Im Ruhrgebiet feiert der ›Manta-Teller‹, die ›Bottroper Schlemmerplatte‹, die ›Currywurst Pommes-Schranke‹ oder wie man das gute Fleisch-Kartoffel-Gericht sonst noch nennt nach wie vor seine Einmaligkeit. Eben weil die Pott'sche Wurst eine Bratwurst ist – und kein gebrühtes Produkt wie in Berlin. Und wie man es richtig macht, lässt sich beim Holzkohlegrill hautnah erleben. Seit 1969 befindet sich der Imbiss in Besitz der Familie Hartbecke. Auf die Frage, wer die Currywurst erfunden hat, scheiden sich dort allerdings die Geister. Man schwankt zwischen Berlin und Belgien. »Schalke«, sagt ein mithörender Gast. Die Reaktion folgt sofort: Die Schalker hätten doch nicht die Currywurst, sondern wohl eher das Verlieren erfunden.

Die Schauküche des Holzkohlegrills misst vier Quadratmeter und gibt seit jeher nur Brat- und Currywurst sowie Pommes aus. Das Rezept für die körnig, fruchtig-scharfe Currysauce wird natürlich nicht verraten. Die Micken (die Brötchen) aber kommen aus Gelsenkirchen. »Die kann man aber überall kaufen«, fügt Hartbecke junior hinzu – und verschwindet fürs Foto schnell aus dem Fokus. »Wer in die Medien geht, kommt auch darin um.«

Die extrascharfe Version der Currywurst ist nicht zu unterschätzen! Bestellen Sie als Löscher ein paar mehr Micken hinzu.

Altes Rathaus
HATTINGEN MARKETING / TOURIST-INFO /// HALDENPLATZ 3 ///
45525 HATTINGEN /// 0 23 24 / 95 13 95 ///
WWW.HATTINGEN-MARKETING.DE ///

EINE OASE FÜR FACHWERKLIEBHABER

Hattingen

58

Junge Bäume wachsen am nördlichen Ruhrufer, das Gras liegt wie ein Teppich über der Gegend. Nur ein hölzerner Förderwagen durchschneidet die Idylle wie ein Mahnmal: Gusseiserne Beschläge mit lackierten Nuten und Gurtringen sind an die Kanthölzer gezurrt, die Räder auf Streben festgeschweißt. Der Bremshebel ist nutzlos, der Kohlewagen fährt nicht mehr. Aber die Messingplakette stellt klar: Genau hier hat Hattingen einst Geschichte geschrieben.

Als Industriepionier tanzte Bergrat Friedrich Eversmann auf vielen Hochzeiten. Er brachte die Dampfmaschine nach Preußen, die Nadelproduktion nach Altena. Zuvor regte er 1787 an, den Kohlentransport im Hattinger Vorort Baak mithilfe einer neuen technischen Finesse aus England voranzutreiben: dem Schienenverkehr. Damit gilt der Rauendahler Kohlenweg in Hattingen als erste deutsche Schienenbahn überhaupt, 48 Jahre vor der dampfbetriebenen Nürnberg-Fürth-Bahn. Heute erinnert lediglich die hölzerne Wagenreplik am Nordufer an das Ereignis. Doch die Hattinger Bevölkerung übersieht dieses Denkmal geflissentlich, lockt ihre Stadt doch mit einem wesentlich attraktiveren Vorzug: dem Fachwerk.

Hattingens Stadtkern gehört mit seinen 143 liebevoll restaurierten mittelalterlichen Baudenkmälern zu den beliebtesten Ausflugszielen im Ruhrgebiet. Seine Häuser gelten als begehrt und wertvoll. Ihre weißen Fassaden leuchten im Sonnenlicht, wodurch es scheint, das Wetter sei hier schöner als anderswo. An Wochenenden strömen Massen in die verwinkelten Gassen und lassen den Gaststättenbetrieb florieren. Einmal im Jahr lädt die Stadt auf den Kirchplatz zum kulinarischen Altstadtmarkt mit lukullischen Spezialitäten ein, während der gotische Spitzhelm der St.-Georgs-Kirche seinen windschiefen Schatten über die Zeltdächer wirft. Es heißt, der Turm wurde gegen die Hauptwindrichtung gebaut, damit er bei Blitzschlag nicht in das wertvolle Kirchenschiff fällt. Vielleicht hat auch der Volksmund recht, der Teufel habe sich über das Schwinden seines Einflusses auf die Stadt dermaßen geärgert, dass er sich auf den Turm setzte, um ihn zu zerstören. Was ihm gründlich misslang – obschon die Spuren nicht zu übersehen sind.

Zur Weihnachtszeit verwandeln sich die Fenster des Alten Rathauses zu einem riesigen Adventskalender.

WASSERBURG HAUS KEMNADE /// AN DER KEMNADE 10 ///
45527 HATTINGEN /// WWW.FV-HAUSKEMNADE.DE ///

BOCHUMER GESCHICHTE IN HATTINGEN-BLANKENSTEIN

Hattingen – Haus Kemnade

59

Seit über tausend Jahren bildet die Ruhr die natürliche Grenze zwischen Hattingen und Stiepel. Dies änderte sich selbst damals nicht, als sich die Ruhr nach einem Hochwasser 1486 neu kalibrierte und den Adelssitz der Stiepeler Grundherren, der sich vorher nördlich des Ufers befand, von seinen Bürgern trennte. Seitdem befindet sich das Haus Kemnade auf Hattinger Stadtgebiet, mit einer Hattinger Adresse – wird aber weiterhin von Bochum verwaltet.

Bochum-Stiepel ist ein malerisch gelegener Ort am südlichen Ende der Stadt Bochum. Begrenzt von der Ruhr, ihren Auen sowie dem Kemnader Stausee zählt Stiepel zu der mit Abstand beliebtesten Wohngegend der Stadt. Auf einem Südhang der Ruhr verspricht Stiepel nicht nur wundervolle Ausblicke auf den Fluss, das Weideland und die Wälder, sondern auch ein paar hügelige Ausflüge zu ihren mitunter mittelalterlichen Sehenswürdigkeiten. Ihre 1000 Jahre alte Dorfkirche ist für ihre prunkvollen Malereien und ihrem Friedhof mit bis zu 400 Jahre alten Grabplatten über die Stadtgrenzen bekannt. Hier befinden sich unter anderem die Grabplatten der vermeintlichen Erbauer der Wasserburg Kemnade, die Gerichtsherren von Dücker, sowie weiterer Gerichtsherren, wie der Stamm von Syberg, einem Adelsgeschlecht mit Stammsitz in Dortmund (Seite 105). Nirgendwo spürt man eher, wie innig das Haus Kemnade – trotz Hattinger Adresse – mit Bochum-Stiepel verwurzelt ist.

Der letzte adelige Rittergutsbesitzer, Baron Ludwig von Berswordt-Wallrabe, verkaufte das Haus 1921 an die Stadt Bochum. Diese gab die Burg der Öffentlichkeit frei, indem sie Räume für Museen und Gastronomie zur Verfügung stellte. Heute zeigt das Haus die Instrumentensammlung eines bedeutenden Bochumer Kammermusikers (1.800 Exponate), eine Sammlung ostasiatischer Kulturgüter sowie die größte Spardosensammlung Deutschlands. In den Burgstuben Haus Kemnade kann außerdem äußerst mondän in den Gewölben des Hauses gespeist werden. Gekrönt werden die Eindrücke von den uralten Schnitzereien entlang der Wände und an den Decken.

Besuchen Sie geschichtliche Perlen Hattingens und Bochum-Stiepels wie die Dorfkirche und die Burg Blankenstein im gleichnamigen Hattinger Stadtteil.

FABBRICA ITALIANA
Stalter
Immobilien
FABBRICA ITALIANA /// BAHNHOFSTRASSE 79 ///
45525 HATTINGEN /// 0 23 24 / 99 99 55 ///
WWW.FABBRICA-ITALIANA.DE ///

BLOSS DIE KINDER MITNEHMEN!

Hattingen – Fabbrica Italiana

60

Ein wenig verloren wirkt der 140 Jahre alte Bau aus Ruhrsandstein mittlerweile schon. Einst brachte das Bahnhofsgebäude neues preußisches Flair in die Stadt, seine Gleise dienten dem Bergbau und der Henrichshütte als Drehscheibe, viele Menschen waren am Bahnsteig unterwegs. Seit 1979 verkehrt hier nur noch die S- sowie die Ruhrtalbahn. Der historische Dampfzug ›preußische P 8‹ fährt immer am ersten Sonntag im Monat von Bochum bis Hagen.

Links der Tür des Eigentümers Stalter serviert seit 2008 die Fabbrica Italiana italienische Köstlichkeiten inmitten von bahnhöfischen Akzenten: Ein indirekt beleuchteter 2-D-Zug hängt an der Wand, es gibt robustes Holzmobiliar, selten Musik und keine Stuhlkissen. Nicht zuletzt deshalb wird dem Restaurant gerne ein verschrobenes Ambiente nachgesagt, gelten Italiener eigentlich als Romantiker. »Aber Italiener sind die schlechteren Geschäftsleute«, findet Inhaber Mike Seydock. Sein Restaurant erfreut sich ausgebuchter Tische. Was nicht nur der schmackhaften Küche (die nichtsdestotrotz von Italienern zubereitet wird) und der schönen Lage zu verdanken ist, sondern auch dem Eventmanagement und der ausgeprägten Kinderfreundlichkeit. Kleinen Gästen ist es hier ausdrücklich gestattet, zu toben und zu spielen – dafür gibt es Spielplätze. Einige Special Events, wie das Pizzabacken und das Karnevalsfest, sind speziell für Kinder ausgerichtet. Familien fühlen sich hier entsprechend wenig peinlich berührt, wenn ein Zögling etwas lauter wird.

Daneben ziehen andere Veranstaltungen jedwede Klientel an: Pärchen kommen zum Candle-Light-Dinner am Valentinstag, Spätaufsteher zum Brunch sowie Genießer zum ›Gambas bis zum Abwinken‹-Event. Und damit ist noch nicht alles erwähnt. Es sind viele Motivationen, die in die Fabbrica führen.

Seit Kurzem hat die Fabbrica Italiana einen neuen Ableger am Kemnader See eröffnet. Die malerische Seelandschaft birgt ein neues Erlebnis der Bella Cucina.

EN-AGENTUR – TOURISMUSFÖRDERUNG /// AM WALZWERK 25 ///
45527 HATTINGEN /// 0 23 24 / 5 64 80 ///
WWW.ENNEPE-RUHR-TOURISMUS.DE ///

UNGEAHNTE VIELFALT IM NIEMANDSLAND

Ennepe-Ruhr-Kreis

61

Seit Sommer 2012 hat die dem Ennepe-Ruhr-Kreis angehörige Stadt Witten ihr altes Kennzeichen zurück. Die Wittener galten neben den Wattenscheidern als die stärksten Verfechter der Alt-Kennzeichen. Im Kreistag war die Entscheidung aber alles andere als heißblütig gefallen. Selbst Diskussionen um ein das Ruhrgebiet übergreifendes Kennzeichen ›KP‹ für ›Kohlenpott‹ wurden geführt. Wenn auch weniger ernsthaft. Ohnehin muss man in EN vieles mit Humor nehmen.

Böse Zungen behaupten, der Ennepe-Ruhr-Kreis sei ein Niemandsland am Rande des Sauerlandes und des Rheinischen Schiefergebirges. Dass der Kreis geografisch zwischen den beiden regenreichsten Großstädten Deutschlands (Hagen und Wuppertal) liegt, liefert ebenfalls Anlass für bissige Kommentare. Dabei bietet das Gebiet zwischen Ennepe und Ruhr eine ungeahnte Vielfalt.

Schillernd ist die Geschichte der Städte Witten und Hattingen, die durch den Kohlebergbau und die Großindustrie für Stahl und Eisen geprägt wurde. Weniger bekannt sind hingegen die zahlreichen Hammerwerke und Schmieden, die jahrzehntelang entlang der Ennepe vielen Menschen ihren Lebensunterhalt sicherten.

Das Gebiet gestaltet sich heute abwechslungsreich und bietet eine große Auswahl an Industriekultur und hübschen Altstädten mit bergisch geprägtem Fachwerk.

Naturverbundene Zeitgenossen kommen bei Radtouren, Wanderungen und Ruderpartien in den kleinen Naturerholungsgebieten auf ihre Kosten. Viele der Talsperren und Flüsse können umwandert, durchschwommen und befahren werden. Als Bestandteil des Rheinischen Schiefergebirges gilt der Wengeberg in Breckerfeld mit 442 Metern als höchster Punkt im Ruhrgebiet. Die Elfringhauser Schweiz hingegen ist im Winter nicht selten schneebedeckt. Hier gibt es den nördlichsten Freiluftskilift im Ruhrgebiet. Wassersportlern sei eine Kanufahrt ruhrabwärts empfohlen, wodurch sich neue Perspektiven auf scheinbar wohlbekannte Gegenden erschließen.

Kehren Sie nach der Wanderung in eine Kneipe ein und bestellen Sie das Schwelmer Bier aus der seit 1830 bestehenden Privatbrauerei.

HAUS ENNEPETAL – KLUTERTHÖHLE /// GASSTRASSE 10 /// 58256 ENNEPETAL /// 0 23 33 / 9 88 00 /// WWW.KLUTERTHOEHLE.DE ///

EIN UNTERIRDISCHES WAHRZEICHEN

Ennepetal – Kluterthöhle

62

Womöglich braucht es wirklich eine gute Portion Eventmanagement, um die Leute in eine Höhle zu locken. Den Verantwortlichen der Kluterthöhle zumindest kann man kaum absprechen, sie würden nicht ihr Bestes geben, um das Geschäft am Laufen zu halten: Es gibt Schatzsucherprogramme für Kinder, Taschenlampen-Touren für Mutige, doch auch Betriebsausflüge, Halloween-, Vampir- und sogar Osterführungen mit Zaubervorstellung werden angeboten. Und es läuft.

Vor etwa 370 Millionen Jahren entstand die Riffkalk-Gesteinsschicht, aus der die Kluterthöhle abgetragenen wurde, sie ist mit rund 360 Gängen von über 5,5 Kilometern Länge eine der größten Naturhöhlen Deutschlands. Um 1586 wurde die Karsthöhle als Fluchtmöglichkeit entdeckt und dokumentiert. Fast 300 Jahre später verirrte sich Heinrich Schmidt sieben Tage lang in der Höhle. Danach kannte der sie so gut, dass er die Höhle gangbar machte und Führungen anbot.

Seit der Einarbeitung von elektrischem Licht in den 50ern wird die Höhle auch als Kurmittel begangen. Ihre hohe Luftfeuchtigkeit und Staubfreiheit zeigen bei Asthmakranken und Allergikern gute Erfolge. Selbst die Rauchentwöhnung soll in der Höhle leichter fallen. Seither ist die Stadt Ennepetal anerkanntes Mitglied des Deutschen Bäderverbandes e. V. Kuren in der Höhle können ärztlich verordnet werden.

Die Erforschung der Höhlengänge ist jedoch immer noch nicht abgeschlossen. Der letzte von Wissenschaftlern erstellte Höhlenplan stammt von 1996. Eine private Erforschung kann in Gruppen gebucht werden. Sehr beliebt ist die XX-treme-Tour, bei welcher die Teilnehmer teilweise kriechend die engen und verzweigten Gänge in völliger Dunkelheit und Stille erleben können. Doch auch weniger strapaziöse Programme für Kinder und Spaziergänger entlang der Bäche und Seen erfreuen sich bester Beliebtheit. Leider sind heute nur noch wenige Tropfsteine zu bewundern. Da die Höhle während des Zweiten Weltkrieges als Luftschutzbunker diente, wurde der Großteil der Stalaktiten und Stalagmiten zerstört.

Für Schulklassen werden Sonderführungen zu verschiedenen Anlässen und zu erstaunlich kleinen Preisen angeboten. Eine telefonische Reservierung wird empfohlen.

MÜHLENHOF BRECKERFELD /// SCHÜTZENSTRASSE 33 ///
58339 BRECKERFELD /// 0 23 38 / 37 98 05 ///
WWW.MUEHLENHOF-BRECKERFELD.DE ///

BIO-BROT MAL ANDERS

Breckerfeld – Mühlenhof

63

Selbst im hochindustriellen Ruhrgebiet tauchen Windmühlen immer wieder auf. Die meisten taugen in ihrer ursprünglichen Funktion allerdings nicht mehr. Daher wurden die ansehnlichen, statisch unbedenklichen Exemplare kurzerhand zweckentfremdet: Für Mini-Bio-Geschäfte, Cafés oder sogar als Tagungsraum, wie die alte Salzmühle in Unna-Königsborn. Die Flügel der Mühle in Breckerfeld drehen sich aber noch – und zwar nicht nur zum Spaß.

Auf dem Mühlenhof in Breckerfeld wird das Brot nämlich auf ganz traditionelle Art und Weise zubereitet. Und dafür braucht es einen Back- und Kornspeicher und eine voll funktionsfähige Bockwindmühle. Das Kuriose: Die Windmühle ist kein Breckerfelder Bau. Tatsächlich wurde das 165 Jahre alte Stück in Brandenburg erworben, abgebaut und auf dem Mühlenhof wieder errichtet. Das Gleiche gilt für das Backhaus aus dem 18. Jahrhundert, das schnuckelige Bienenhaus sowie den Back- und Kornspeicher. Alles ist echt – und dann wiederum doch nicht. Denn der Hof ist ein Museum von zusammengewürfelten Gebäuden aus verschiedenen Epochen und Fleckchen des Landes. Allerdings liegt der Charme weniger in der Bausubstanz, sondern in der Beharrlichkeit, den Hof nach ›altbackener‹ Tradition zu führen. Obwohl der Mühlenhof offiziell als ein Museum durchgeht: Hier herrscht reger Betrieb. Hier wird gebacken, gekocht, gebraten und verkauft. Selbst der Kaffee (auf Wunsch darf es auch mal der Caro-Landkaffee sein) wird noch in der nostalgischen Dröppelminna gebracht. Der Pfefferpotthast gilt übrigens als Geheimtipp. Selbstverständlich kann der Mühlenhof Breckerfeld aber auch nur besichtigt werden. Der Eintritt ist frei.

Mit gut 9.300 Einwohnern ist Breckerfeld die kleinste Stadt im Ennepe-Ruhr-Kreis, befindet sich flächenmäßig aber im oberen Drittel. Im 15. Jahrhundert trat sie dem Hansebund bei. Und falls Ihnen der Name irgendwie bekannt vorkommt: Eine Zeit lang wurden lokale Erzvorkommen in Waldschmieden zu Messern und Kurzdolchen verarbeitet, den sogenannten ›Breckerfeldern‹. Sie gelten heute als Rarität.

An schönen Sommertagen feuern die Betreiber den historischen Holzofen für Grillabende an. Ein toller Abend in einer idyllischen Hügellandschaft ist garantiert. Voranmeldung notwendig!

KLETTERPARK WETTER /// HARKORTBERG /// 58300 WETTER (RUHR) ///
0 23 35 / 170 11 00 /// WWW.KLETTERPARK-WETTER.DE ///

IN DEN SEILEN HÄNGEN IN WETTER

Wetter – Kletterpark

64

Die Stadt Wetter liegt unmittelbar an der Ruhr und am 1931 angelegten Harkortsee. Zwei Drittel der Stadt dient der Naherholung. Im Jahre 1819 gründete Friedrich Wilhelm Harkort die Mechanischen Werkstätten Harkort & Co. zur Herstellung von Dampfmaschinen. Seine enge Verbindung zur Stadt ist auch heute noch spürbar: Alles Mögliche trägt Harkorts Namen. Nicht umsonst wird Wetter daher die Harkortstadt genannt.

Der Sport am Harkortberg in Alt-Wetter macht nicht jedem Spaß. Nach seiner Eröffnung im Juni 2008 mussten sich die Betreiber des Kletterparks den Missmut der Anwohner anhören: Die Parkplatzsituation sei vorher schon katastrophal genug gewesen. Und bei den häufig stattfindenden Sportveranstaltungen sei an ein normales Durchkommen kaum noch zu denken. Inzwischen hat sich der Klettergarten allerdings zu einer touristischen Attraktion gemausert.

Der von der Freiluftsportinstitution Forest Adventures auf dem Harkortberg errichtete Kletterpark gehört heute zu den größten seiner Art in Deutschland. Aus touristischer Sicht wurde er sehr gut angenommen. Allerdings ist der Berg nach wie vor Anlaufpunkt zahlreicher Wanderer und Radfahrer, sodass sich mancher Klettermaxe die neugierigen Blicke Vorbeiziehender gefallen lassen muss.

Der Klettergarten bedient mit seinen verschiedenen Parcours jede Klientel von mutig bis unsportlich. Willkommen sind Kletterer ab einer Körpergröße von 1,20 Metern. Je nach Schwierigkeitsgrad können die Kunden sich an Seilrutschen, Hängebrücken, Wackelbalken, Tarzansprüngen oder -schwüngen versuchen. Die Sicherheitsvorschriften werden von dem Personal sehr ernst genommen und es sei geraten, sich nach der Sicherheitseinweisung an sämtliche Regeln zu halten, ehe man mit einem leuchtend orangefarbenen Helm verwarnt und – bei weiterem Nichtbeachten – des Platzes verwiesen wird. Sämtliches Material wird von dem Veranstalter übrigens gestellt.

☞ Wer seine Hände schonen möchte, sollte sich Fahrradhandschuhe zur Kletterpartie mitnehmen.

FREIZEITZENTRUM KEMNADE /// QUERENBURGER STRASSE 29 ///
58455 WITTEN /// 0 23 02 / 2 01 20 /// WWW.KEMNADERSEE.DE ///

DIE KEIMZELLE KREISELNDER INLINER

Witten – Kemnader Stausee

11/11

Man darf Seele und Beine im Klappstuhl baumeln lassen, bei gutem Wetter auch die nackten Zehen in den feinen Sand vergraben. Ein paar Schritte weiter trinken Gäste in einem Himmelbett ihr Bier. Blechtonnen dienen als Tische, die Kinder toben nebenan auf dem Spielplatz. Sitzend verliert man den Blick auf das ruhende Wasser und die Strandbar rückt in den Vordergrund. Hier lässt sich's leben, hier darf man durchatmen. Nur schwimmen darf man hier nicht.

Das Wasser ist zwar von guter Qualität, ungefiltert drohen aber Durchfallerkrankungen. Im Übrigen ist jener Sand nur aufgeschüttet, das Areal einige Meter fernab des Wassers eingezäunt. Das StrandDeck ist eine der jüngeren Attraktionen des Kemnader Sees, der am Südufer die Stadt Hattingen sowie im Westen die Stadtgrenze Bochums erreicht. Der östliche Anteil ragt in das Stadtgebiet Witten hinein und damit in den Ennepe-Ruhr-Kreis.

1979 zur Regulierung und Verbesserung des Wassers angelegt, ist der See bald zu einer beliebten Freizeitkulisse herangewachsen. Gastronomie wie Sportattraktionen haben sich hier angesiedelt, Spielplätze unterbrechen hier und da die wild wachsende Natur, im Sommer veranstalten Frösche ein Konzert. Der See kann vollständig umrundet werden. Dies dürfte allerdings etwas dauern, denn der Weg ist acht Kilometer lang. Die Gehwege sind asphaltiert und getrennt, was vor allem den zahlreichen, beräderten Besuchern geschuldet ist, die das Seeareal als Ausflugsziel zu schätzen wissen.

Im Übrigen steht der jüngste Stausee des Ruhrgebiets ganz im Zeichen des Wassersports. Touristen dürfen paddeln oder Tretboot fahren, ein Boothaus befindet sich in den Gemäuern der toten Zeche Gibraltar, im Herbst stellen Windsurfer die Segel auf. Besonders nahe ist man dem Wasser außerdem an Deck der MS Kemnade, einem der beiden Fahrgastschiffe, welche diverse Stationen des Sees anfahren. Eine Rundfahrt dauert eine knappe Stunde. Und im Zenit der Sonne, wenn sich die Schiffsschrauben durch das Wasser mahlen und der Fahrtwind einem um die Nase bläst, kommt ganz sicher Urlaubsstimmung auf.

Im Sommer findet regelmäßig Kemnade in Flammen vor der Bootshalle Gibraltar statt, eine mehrtägige Feuerwerksveranstaltung mit zahlreichen Musik-Events.

SCHLOSS HOHENLIMBURG GEMEINNÜTZIGE GMBH ///
ALTER SCHLOSSWEG 30 /// 58119 HAGEN ///
0 23 34 / 27 71 /// WWW.SCHLOSS-HOHENLIMBURG.DE ///

MÄRCHEN-EVENTS IM MÄRCHENSCHLOSS

Hagen – Schloss Hohenlimburg

65

Schlösser gibt es einige im Revier – und besonders die Wasserschlösser schienen im mittelalterlichen Ruhrgebiet Trend gewesen zu sein. Die Erbauer des Schlosses Hohenlimburg sind allerdings dieser Mode nicht gefolgt, was sie zu etwas Besonderem macht. Tatsächlich ist sie die einzige ursprünglich erhaltene mittelalterliche Höhenburg Westfalens. Aber das allein schafft nicht die Leute heran. Dazu wurde ihr ein Programm auf den Leib geschneidert, das nach wie vor seinesgleichen sucht. Vor allem das Märchenfest im Oktober lockt die Massen und ihre Kinder an.

Die Stadt Hagen wird gemeinhin als Tor zum Sauerland bezeichnet. Wenn man Hohenlimburg erreicht, ist man fraglos im Schlüsselloch angekommen. Das Schloss Hohenlimburg wurde im 13. und 14. Jahrhundert erbaut und über die Jahrhunderte mehrfach erweitert. Die mittelalterliche Festungsanlage und die barocke Gartenanlage sowie der kleine Weinberg bieten ein kontrastreiches Bild.

Der Bergfried wurde 1811 durch einen Blitzschlag erheblich beschädigt und ist seitdem nur noch etwa halb so groß. Bei den anschließenden Aufräumarbeiten wurde die Attraktion des Schlosses entdeckt: Eine mumifizierte schwarze Hand. Der Legende nach soll sie einem Knaben, der mehrfach die Hand gegen seine Mutter erhoben hatte, abgeschlagen und zur Abschreckung ausgestellt worden sein. Eine andere – nach wissenschaftlichen Untersuchungen eher plausible – Erklärung ist, dass es sich um die Hand eines erwachsenen Mordopfers aus dem 16. Jahrhundert handelt. Die Gerichtsbarkeit ließ in solchen Fällen ein Körperteil als Beweismittel abtrennen. Scheinbar blieb der Mordfall ungeklärt, denn ansonsten wäre die Hand beerdigt worden.

An den Bergfried angelehnt befindet sich der mittelalterliche Palas, in dem heute das Deutsche Kaltwalzmuseum untergebracht ist. Kaltgewalzte Stahlbleche finden in der Automobilindustrie oder als Werkzeuge Verwendung. Noch heute werden mehr als zwei Drittel aller deutschen Kaltwalzerzeugnisse im Lennetal um Hagen-Hohenlimburg hergestellt.

Im Schloss werden verschiedenste Events von Musikveranstaltungen über Kindergeburtstage mit Kostümen bis hin zur Whiskyverkostung angeboten. Behalten Sie den Website-Kalender im Auge.

BRANDTS KLEINE ZWIEBACKWELT /// HISTORISCHES ›HAUS STENNERT‹ ///
ENNEPER STRASSE 3 /// 58135 HAGEN /// 0 23 31 / 47 70 ///

EIN STÜCK HAGENER GESCHICHTE

Hagen – Zwiebackmuseum

66

Am 5. Dezember 2003 spuckten die Öfen der Brandt-Zwieback Schokoladen GmbH & Co. KG in Hagen-Haspe den letzten Hasper Zwieback aus. Der vertraute Röstgeruch verflog und das Förderband, das die Kartons aus der Manufaktur quer über die B7 sowie unter den Augen Vorbeifahrender schubste, rollte nicht mehr. Erinnerungen beginnen zu schwächeln, Jüngere wissen gar nichts mehr vom einstigen Produktionsstandort. Doch dem kann abgeholfen werden.

So einiges musste sich Gründersohn Carl-Jürgen Brandt von der regionalen Medienlandschaft anhören, als er die Produktion von Hagen nach Thüringen verlegte. Und in der Tat lief die Trennung zwischen Öfen und Schreibtisch alles andere als schmerzlos ab: Plötzlich hatte Hagen 500 Arbeitslose mehr zu verzeichnen, die Streiks wiederum trieben den Familienbetrieb beinahe in den Ruin. Losgelöst von alledem schob das pralle, auf orange gedruckte Dauerlächeln des dreijährigen Micha weiterhin die Umsätze an. Die Marke rettete die Firma – und die Verwaltung blieb in Haspe.

2007 warf Carl-Jürgen Brandt einen weiteren Anker nach Hagen und steckte den ganzen Jahresetat der Brandt'schen Marketingabteilung in das 260 Jahre alte ›Haus Stennert‹, einem einstigen Postamt, um dort das Zwiebackmuseum einzurichten. Die Spuren des zweimal Gebackenen reichen dort bis zur Antike zurück, im 17. Jahrhundert diente es als teurer Proviant für Soldaten und Seeleute. Bäcker und Seekoch Carl Brandt mechanisierte die Produktion, patentierte die Zwieback-Schneidemaschine – und entwickelte die Keksfabrik zu einem Imperium.

Wie die Gebäck-Maschinerie funktioniert, wird eindrucksvoll mit einer Ofenanlage simuliert. Denn weder die Ofenhitze, die Düfte noch der Rauch sind echt – originale Produktionsanlagen hätten das alte ›Haus Stennert‹ nämlich zusammenbrechen lassen. Im rekonstruierten Gründerzimmer sticht wiederum der Schreibtisch mit den Familienfotos ins Auge. Und die Hightech-Computeranimationen im Schlusstunnel spannen den Bogen von Geschichte zur Gegenwart. Ein gelungenes Stück Geschichte – für Hagen wie für Brandt.

Die Besucherzahl ist auf 10 Personen beschränkt. Eine Voranmeldung ist ratsam. Besuchen Sie den angrenzenden Direktverkauf und Fan-Shop.

REGISTER

BILDVERZEICHNIS

Sofern hier nicht gelistet, stammen alle Bilder von der Autorin.

Stadtverwaltung Wesel, 18; Axel Thünker DGPh, LVR-Archäologischer Park Xanten, 24; Pressestelle Stadt Lünen, 36–37, 50, 54, 56; Margit Kruse, Gelsenkirchen, 40; Leoni Buscher-Ciupke, Stadtagentur Haltern am See, 44; LWL-Industriemuseum, Dortmund, 46; Peter Ginter, Overath, 68; Thomas Machoczek, Gasometer Oberhausen GmbH, Oberhausen, 70–71; AQUA-Park, Oberhausen, 74; Zoom Erlebniswelt, Gelsenkirchen, 84; Jochen Linz, DSW 21, Dortmund, 106; Pressestelle der Stadt Unna, 108; Duisburg Marketing GmbH, Duisburg, 116; Matthias Duschner, Stiftung Zollverein, Essen, 136; Joachim Juland, Oberhausen, 140–141; Röst. Art, Bochum, 152; Stephan Ullrich, Bochum, 154; Presseamt der Stadt Bochum, 158; Kluterthöhle & Freizeit Verwaltungs- und Betriebs GmbH & Co. KG, Ennepetal, 172; Forest Adventures Deutschland GmbH, Hofheim/Ts., 176; Julia Dettmann, Hagen, 180; Brandt Zwieback – Schokoladen GmbH & Co. KG, Hagen, 182; Frank Lummer, Oberhausen, 184–185

HOCHSPANNUNG
AUS DEM
RUHRGEBIET
GMEINER

»Wunderbar schräg und absolut kultverdächtig!«

Sonja Ullrich
Teppichporsche
978-3-8392-1093-2

Esther Roloff ist der jüngste Spross einer traditionellen Bergarbeiterfamilie sowie Versicherungsdetektivin auf Probe bei Tozduman Securities, einer dubiosen Detektivklitsche in Wattenscheid. Als sie einer Haftpflichtsache nachgehen soll – ein Terrier mit nur einem Zahn soll ein Wasserbett zerbissen und einen Wasserschaden verursacht haben –, stößt sie auf Blutreste in den Parkettfugen des »Tatorts« und wittert den ganz großen Mordfall. Als Esther auch noch erfährt, dass der Ehemann der Geschädigten vor wenigen Tagen das Weite gesucht hat, ist ihr Ehrgeiz endgültig geweckt …

»Ein neuer Fall für Esther Roloff – noch schräger, noch spannender als je zuvor!«

Sonja Ullrich
Trallafitti
978-3-8392-1325-4

Privatermittlerin Esther Roloff ist zurück – und hat die Nase gestrichen voll. Sie schwört sich: Diesmal soll alles anders werden. Sprich: keine Leichen, keine Morde und erst recht keine Kripo. Doch kaum kehrt sie aus ihrem Urlaub nach Bochum zurück, stolpert sie auch schon über die erste Leiche, und zwar direkt vor ihrer Wohnungstür. Erste Diagnose: Herzinfarkt. Alles im Lot also. Doch dann bittet Hauptkommissar Ansmann sie in dem Fall um Hilfe.

ENTDECKEN SIE WEITERE LIEBLINGSPLÄTZE!

☞ Liebevoll ausgestattete Reiselesebücher mit individuellen Tipps, die Lust aufs Entdecken und mehr machen.

ISBN 978-3-8392-1170-0

ISBN 978-3-8392-1283-7

ISBN 978-3-8392-1359-9

ISBN 978-3-8392-1367-4

ISBN 978-3-8392-1166-3

ISBN 978-3-8392-1365-0